縫わずにできる
すてきなロゼット

コクボマイカ

河出書房新社

Introduction

誰もが心惹かれるリボンのブローチ、ロゼット。
上質なリボンやアンティークのレース、くるみボタンなど
女性を夢中にさせる素材たちが、
小さな美しい世界を作ります。

リボンにひだを寄せ、
モチーフを中心につければできあがり。
シンプルなつくりで、
多彩なバリエーションが生まれるのも魅力です。

最初は針と糸を使って作っていましたが、
美しいプリーツをもっと簡単に作れないかと試行錯誤していたら、
縫わないロゼットができあがりました。

縫わないので、いろいろな素材も使えるようになり
クラシカルなものからキッチュなものまで、
いろいろなスタイルのロゼットを作ることができます。

素敵なロゼットを簡単に作れる"鍵"。
さあ、あなたにも、お渡しします。

コクボマイカ

Contents

基本のロゼット … 4
ダブルプリーツのロゼット … 6
モチーフのバリエーション … 8
リボン素材のバリエーション … 12
記念日のロゼット … 16
 baby … 16
 長寿 … 17
 wedding … 18
 kids … 20
Partyのロゼット … 22
ロゼットのアクセサリー … 24

縫わないロゼットの作り方 … 27
 基本の作り方 … 28
 プリーツの作り方 … 32
 ダブルプリーツの組み合わせ … 38
 モチーフについて … 40

各作品の作り方 … 41

プラバンで作るモチーフの図案 … 69
実物大型紙 … 70
オリジナルロゼットを作るための材料表 … 71

rosette（ロゼット）……フランス語で勲章の略綬
（略式の場合につけるリボン）、またはリボンで
花結びをしたものを意味する。

4

※ 基本のロゼット

縫わずに作るロゼットは、
折りたたんでいく「ワンウェイプリーツ」と
カットしたプリーツを重ねていく「カットプリーツ」の2種類。

❋ ダブルプリーツのロゼット

シングルプリーツを2つ組み合わせた
ダブルプリーツのロゼットは、華やかな印象。
組み合わせのバリエーションは38-39ページも参考にして。

How to make 〉 p.44-46

❊ モチーフのバリエーション

プリーツの中心に据えるパーツのことを本書ではモチーフと呼んでいます。
ボタン以外にも缶バッジやレジンなどいろいろなアイテムで楽しめます。

サーカス団がつけていそうなロゼットたち。
ワッペンやスパンコール、缶バッジなどをあしらいました。

How to make 〉 p.46-47

ミニチュア人形やメタルパーツ、手作りプラバンなど
ポップテイストなモチーフも端正な印象に。

How to make　p.47-48

◆ モチーフのバリエーション

UVレジンを型や専用セッティングに流して
固めて作った、レジンのモチーフ。
透明感のあるモチーフができます。

How to make 〉 p.48-49

お気に入りの布で作る、くるみボタン。
シンプルな布にワッペンやスタンプをあしらったり、
愛猫をプリントして作ったりして、存在感をアップ。

How to make 〉 p.49-50

❉ リボン素材のバリエーション

縫わないロゼットは、リボン以外の変わり素材も得意です。
同じプリーツでも印象がガラリと変わるからおもしろい。

紙ナプキンをコラージュして作る
デコナップリボンと革リボンで作ったロゼット。
クラフト風の雰囲気が魅力です。

How to make ⟩ p.50-51

na Split 2.29
Fudge
Sundae ....
na Fudge Sund
berry Fudge
Sundae ....
Blast 1.89
, M&Ms®, Heath Bar® or Chocolate Cookie
able on request.

udge, Strawberry,
late or Pineapple 1.39
include whipped topping and a cherry.
able on request.

la Cone .... .89
la Dish .... .89

2.29

1.99

ビニールで作れば、ポップ＆キッチュなテイストに。
ビニールテープやテーブルクロスなど
薄めのものを使います。

How to make ▷ p.51-52

1.

13

◆ リボン素材のバリエーション

マスキングテープを利用したロゼット。
リボンにはない細かな柄が楽しめます。
ラッピングに添えても素敵。

How to make 〉 p.53

お気に入りの布を
リボン幅に裁って作るのもおすすめ。
カジュアルで温かみのあるスタイルに。

How to make 〉 p.53-54

※ 記念日のロゼット《baby》
この世界へようこそ！ 祝福の気持ちをロゼットに……。
お宮参りのドレスにつけるのはいかが？
How to make ≫ p.55

✤ 記念日のロゼット《長寿》

両親や祖父母に贈りたい、感謝の気持ちを込めた手作りロゼット。
還暦や敬老の日のプレゼントに添えて。

How to make ➢ p.56-57

記念日の
ロゼット
《wedding》

セレモニーを盛り上げる華やかなロゼット。
出席者の名札に仕立てるスタイルが人気です。
How to make　p.58-59

✻ 記念日の
ロゼット
《 kids 》

誕生日はもちろん、
七五三や入園入学などのお祝い行事に。
「がんばったね!」の勲章として
プレゼントしても。

How to make ≫ p.59-61

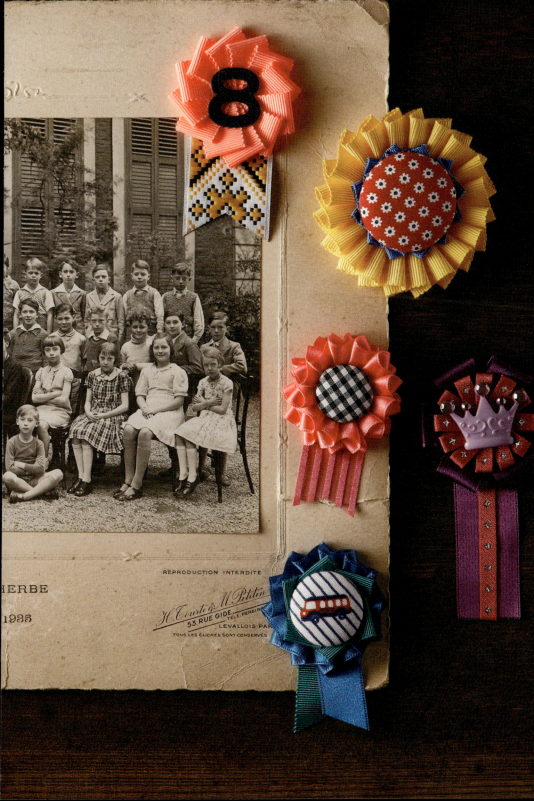

✴ Partyのロゼット

バースデーパーティに祝賀会、
ハロウィンパーティ、お披露目パーティ……etc.
パーティなしの人生なんて！
そして、パーティにはロゼットを。

How to make ≫ p.62-63

❅ ロゼットのアクセサリー

小さく作ったロゼットをアクセサリーに仕立てた
大人の女性のための装飾ロゼット。
コーディネートのポイントに。

Necklace

三角フォルムのロゼットはネックレスにぴったり。
カメオモチーフのロゼットで大人ガーリーなスタイルに。

How to make ⟩ p.64

Earrings & Ring

ツヤ感のあるジュエルモチーフをあしらって
ピアスやリングに仕立てました。
顔周りや指先にリボンアイテムを添えてレディライクに。

How to make p.64~66

Barrette

ロゼットはヘアアクセサリーとも好相性。
ヘアゴムは気軽なプレゼントとしても喜ばれそう。

How to make > p.67-68

縫わない
ロゼットの作り方

針と糸なしで作るロゼットは、身近な材料と道具があれば作れます。
基本の工程とプリーツの作り方をここで確認しましょう。
リボンやモチーフの組み合わせ次第で、オリジナルのロゼットも簡単に作れます。

基本の作り方

両面テープを貼った型紙に
プリーツを重ねて作ります。
紹介しているロゼットは、
すべて基本の作り方で作れます。

モチーフ
> p.30 Step4,
> p.40

型紙
> p.29 Step1

裏面(フェルト)
> p.29 Step1,
> p.31 Step5

プリーツ
> p.32

金具(ブローチピン)
> p.31 Step5

テール
> p.29 Step3

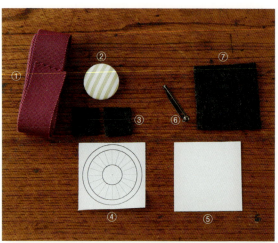

[材料]

① リボン……………………… プリーツとテール、金具どめに使う
② モチーフ…………………… くるみボタン(27mm)
③ モチーフ土台……………… フェルト(厚さ3mm)2×2cmを2枚
④ 型紙………………………… 型紙1をコピーしたもの
⑤ 型紙用土台………………… 型紙1が入るサイズの厚紙
⑥ 金具………………………… ブローチピン
⑦ 裏面………………………… フェルト(厚さ3mm)5×5cm

[道具]

① 綿棒と容器………………… ほつれどめ用に使う
② ハサミ(紙工用)…………… 紙をカットする
③ 裁ちバサミ………………… リボンをカットする
④ 両面テープ(強力タイプ)※… 型紙やプリーツの作業に使う
⑤ 接着剤……………………… 多用途と木工用の2種類
⑥ クリップ…………………… ワンウェイプリーツを作るときに使う
⑦ マスキングテープ………… 型紙の仮どめに使う
⑧ 定規………………………… リボンのカットに使う

※リボンの素材によっては普通タイプが適する場合もあります。貼ったリボンをはがす工程があるので、リボンの端などで試し貼りするようにしましょう。

接着剤の使い分けについて

多用途接着剤(スーパー X)……プリーツ同士の貼り合わせやモチーフをプリーツに貼るときに使う。

木工用接着剤(ボンド木工用速乾)……型紙と裏面(フェルト)を貼り合わせるときに使う。リボンの素材によってはプリーツ同士の貼り合わせにも使う。

Step 1 型紙と裏面を用意する

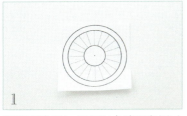

1
型紙を用意する。ここでは丸く切り出さなくてもよい。マスキングテープの粘着面を外側にして丸め、型紙の裏に貼る。

2
裏面用のフェルトに型紙を合わせ、外側のラインでカットする。

3
型紙を外す。

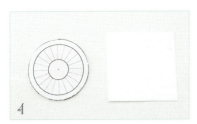

4
型紙が収まるサイズの厚紙を用意し、型紙を貼る。

5
両面テープを型紙の表面に隙間なく貼る。

6
内側のラインでカットし、プリーツ用の型紙を作る。

Step 2 プリーツを作る

ワンウェイプリーツ
》p.32参照

カットプリーツ①
(ガイドと垂直のカットプリーツ)》p.33参照

カットプリーツ②
(ガイドに沿ったカットプリーツ)》p.34参照

Step 3 テールを貼る

1
型紙に貼っていた厚紙をはがす。

2
テール2本の場合は中心近くに両面テープを貼り、二つ折りする。表裏のあるリボンやデザインによっては2本にカットして使う。

3
リボンの端をカットする。仕上がってからカットしてもよい。

4

両面テープを表に貼る。

5

型紙の裏にテールを貼る。モチーフにボタンを使うときは、ボタン足が貫通しやすいように中心より下に貼る。

Arrange 表に貼るテール

プリーツの上にテールを垂らすスタイル。ボタンを使うときは中心より下に貼る。

Step 4 モチーフをつける

1

くるみボタンとフェルトを用意する。

2

フェルトの中心にくるみボタンの足が通るよう、切り込みを入れる。

3

くるみボタンの裏に多用途接着剤をつけ、フェルトを貼る。

4

2枚めを重ねて貼る。くるみボタンから1mmはみ出る程度の厚さにする。

5

多用途接着剤を裏につける。

6

プリーツの中心に貼る。

7

くるみボタンの足を型紙に貫通させる。

8

重しをのせて少し置き、接着させる。

フェルトの土台が必要なモチーフ

くるみボタンや缶バッジ、ドーム形のボタンなどにはフェルトを貼る。

Step 5 金具をつける

1
Step 1でカットしたフェルト（裏面）、ブローチピン、金具どめリボンを用意する。

2
フェルトにリボンの幅と同じ長さの切り込みを入れる。中心より少し上のほうに入れる。

3
フェルトの切り込みに金具どめ用のリボンを通し、両面テープでフェルトに貼る。

4
貼ったところ。

5
ブローチピンにリボンを通し、ひと巻きして反対側にリボンを出す。

6
リボンを出したら、両面テープでフェルトに貼る。

7
フェルトにブローチピンがついたところ。

フェルトに直接貼る金具
金具どめのリボンは使わず、フェルトに直接つける金具。多用途接着剤を使う。

8
フェルトに木工用接着剤をつけ、プリーツ（型紙）の裏に貼る。

9
裏面をつけたところ。

10
テールとプリーツの間に木工用接着剤（リボンの素材によっては多用途接着剤）を塗って貼り合わせる。

11
テールのリボンの端に木工用接着剤を少量の水で溶いたものを塗ってほつれどめをする。

31

プリーツの作り方

本書で主に使っているのは
ひだをつなげていく「ワンウェイプリーツ」と
カットしたリボンを使う「カットプリーツ」の2種類。
型紙に沿って貼るだけなので、
誰でも簡単にキレイなプリーツが作れます。

ワンウェイプリーツ

［20プリーツ］ ●型紙1　［16プリーツ］ ●型紙3 ●型紙5　［24プリーツ］ ●型紙7

1 型紙を用意する(p.29)。両面テープをはがす。

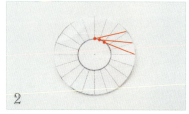

2 赤いラインをガイドにプリーツを放射状に作る。

3 リボンの端を2cmほど斜めに折り上げ、2の赤いライン上に貼る。

4 リボンがたるまないようひだを作って、次のライン上に貼る。これをくり返して1周する。

Point ひだを作って下側を固定し、固定した点から3本隣の線を結んだラインに向けて貼る。

5 ラインが見えるところまで、1周プリーツを作ったところ。

6 折り始めのプリーツを数ひだ分クリップで挟み、残りの線が見えるように型紙からはがして折り返す。

7 最後までプリーツを作ったところ。

Check!

OK

NG

きれいにプリーツを作るには、リボンを折り返すときに型紙の外周からはみ出さないように、裏側を確認しながら作る。

ひだがたるんでしまった例。リボンを折り返すときに型紙の外周からはみ出てしまっている。

8 折り始めのプリーツを戻し、リボンの端と折り終わりのリボンをそろえる。

9 リボンをカットする。折り始めはプリーツ幅で、折り終わりはその2倍幅でカットする。

10 両面テープを貼り、くるむように貼って端を始末する。

［12プリーツ］ ●型紙2 ●型紙4 ●型紙6

1 赤いラインをガイドにプリーツを放射状に貼る。

2 リボンの端を2cmほど折り上げ、1の赤いライン上に貼る。

3 リボンがたるまないようひだを作って、次のライン上に貼る。これをくり返して1周する。

4 ［20プリーツ］と同様にリボンの端を始末する。

カットプリーツ　カットプリーツを用意する

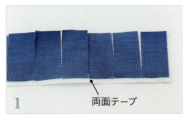

1 必要枚数カットしたリボンを1cm幅の両面テープ半分ほどの幅に直角に貼る。型紙5、6の場合は5mm幅の両面テープを使う。

両面テープ

2 リボンを二つ折りにし、空けておいた両面テープに貼る。

3 両面テープをリボンの幅でカットする。

33

パターン①ガイドと垂直に貼る ［12プリーツ］ ●型紙2 ●型紙4 ●型紙6

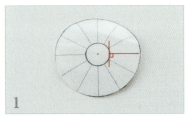

1

型紙を用意し（p.29）、両面テープをはがす。ただし、厚紙に貼らなくてよい。

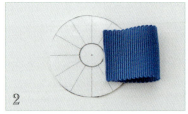

2

リボンを型紙のガイドと垂直になるように貼る。1つめはリボンの両面テープの剥離紙をはがさない。

3

2枚めからは剥離紙をはがして型紙に貼る。これをくり返して1周する。

4

半周貼ったら、残りは向かい合うプリーツと端が平行になるように貼る。貼れるところまで貼っていく。

5

1つめのリボンをめくって、残りのリボンを貼る。

6

1つめのリボンの剥離紙をはがし、最後のリボンに重ねて貼る。

［6プリーツ］ ●型紙2 ●型紙4 ●型紙6

1

［12プリーツ］と同様に、ガイドと垂直になるように貼る。

2

2つめのリボンはガイドのラインを1本とばしで貼る。

3

1本とばしで6つ貼ったところ。

パターン②ガイドに沿って貼る ［12プリーツ］ ●型紙2 ●型紙4 ●型紙6

1

型紙を用意し（p.29）、両面テープをはがす。ただし、厚紙に貼らなくてよい。

2

リボンを型紙のガイドに沿って貼る。1つめはリボンの両面テープの剥離紙をはがさない。

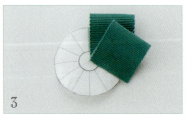

3

2つめからは剥離紙をはがして型紙に貼る。これをくり返して1周する。

4

[ガイドと垂直に貼る]の5、6と同様に最後まで貼ったら、裏に返し、はみ出たリボンの端を折り返す。

5

リボンの端を始末したところ。

6

中心が詰まって仕上がるのが特長。

[6プリーツ] ●型紙2 ●型紙4 ●型紙6

1

[12プリーツ]と同様に、ガイドに沿って貼る。

2

2つめのリボンはガイドのラインを1本とばしで貼る。

3

6つ貼ったところ。[12プリーツ]と同様に裏でリボンの端を始末する。

フラワープリーツ ●型紙10

1

型紙の表と裏に両面テープを貼る。

2

表の両面テープの剝離紙をはがす。リボン端を2cmほど出し、赤いラインをガイドにリボンを貼る。

3

ワンウェイプリーツ(p.32)と同じ要領でプリーツを作る。

4

最後までプリーツを作ったところ。

5

端を折り返し、型紙から2cm出たところでカットする。

6

裏に返し、両面テープの剝離紙をはがす。

35

7 プリーツの折り終わりから、巻く。

8 両面テープで固定しながら、左右にずれないように巻く。

9 端まで巻いたところ。

10 折り始めのリボンの端に両面テープをつけ、プリーツに重ねて貼り合わせる。

11 巻き始めの余分なリボンをカットし、水で溶いた木工用接着剤でほつれどめをする。

12 プリーツを軽く開いて整える。

ワンウェイプリーツ応用　[三角フォルム] ●型紙8

1 型紙を用意し(p.29)、両面テープをはがす。

2 リボンの端を2cmほど斜めに折り上げ、1の赤いライン上に貼る。

3 ワンウェイプリーツ(p.32)の要領でひだを作る。角の部分を貼ったところ。

4 ひだを作りながら1周する。

5 ラインが見えるところまで、1周プリーツを作ったところ。

6 折り始めのプリーツを数ひだ分はがして折り返し、最後までプリーツを作る。

7 裏面のフェルトはプリーツの形に合わせ、はみ出た型紙をカットしてから貼る。

8 型紙が出ないようカットしたところ。裏面に金具をつけ、木工用接着剤で貼る。

［四角フォルム］ ●型紙9

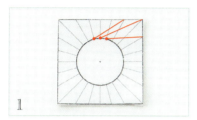

1 型紙を用意し（p.29）、両面テープをはがす。

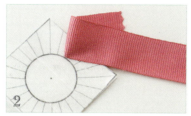

2 リボンの端を2cmほど斜めに折り上げ、1の赤いライン上に貼る。

3 ワンウェイプリーツ（p.32）の要領でひだを作る。

4 最後までプリーツを作る。

5 裏面のフェルトはプリーツの形に合わせ、はみ出た型紙をカットしてから貼る。

6 型紙が出ないようカットしたところ。裏面に金具をつけ、木工用接着剤で貼る。

ダブルプリーツ

1 プリーツを2種類用意する。ワンウェイプリーツの型紙用土台（厚紙）は、大きいサイズから作り、小さいサイズも使い回すとよい。

2 上に重ねるプリーツの裏（型紙）に接着剤を塗る。リボンの素材に合わせ、使う接着剤を選ぶこと。

3 プリーツを重ねる。

37

ダブルプリーツの組み合わせ

同じサイズのくるみボタン(27mm)をモチーフにした
ダブルプリーツのバリエーション。
外側のプリーツはすべて同幅(24mm)のグログランリボンを使っています。
オリジナルを作るときの参考にしてみましょう。
ワンウェイプリーツの用尺は71ページに掲載しています。

1段め
●型紙2／
ガイドと垂直の
カットプリーツ
[24mm幅]
5cm×6本

2段め
●型紙4／
ワンウェイプリーツ
[15mm幅]

1段め
●型紙2／
ワンウェイプリーツ
[24mm幅]

2段め
●型紙4／
ガイドに沿った
カットプリーツ
[15mm幅]
4cm×6本

1段め
●型紙2／
ワンウェイプリーツ
[24mm幅]

2段め
●型紙6／
ガイドと垂直の
カットプリーツ
[6mm幅]4cm×12本

1段め
●型紙2／
ガイドに沿った
カットプリーツ
[24mm幅]5cm×12本

2段め
●型紙4／
ワンウェイプリーツ
[15mm幅]

モチーフについて

中心となるパーツ、モチーフにはさまざまなアイテムが利用できます。プリーツとの組み合わせを考えて選んでみましょう。

● ボタン

丸いボタンから、チャームのようなボタンまで素材や形がいろいろ選べる。

● くるみボタンのアレンジ

シンプルな布でも工夫次第で存在感のあるボタンになる。

刺しゅうのシールを貼ったもの。 / 太めのストライプ生地を利用したもの。 / 写真をプリントした布で作ったもの。 / スタンプを押して作ったもの。 / サテン生地は薄いので2枚重ねで。

● 市販パーツ

缶バッジやアクセサリーパーツ、ミニチュアのおもちゃなど。

● 手作りパーツ

UVレジンやプラバンで手作りすると、透明感のあるオリジナルなデザインができる。

● 再利用パーツ

使わなくなったアクセサリーの金具を外して使う。

くるみボタンの作り方

[用意するもの]
① くるみボタン用キット
② マスキングテープ（型紙と布の仮どめ用）
③ 布

1 キット付属の型紙に合わせて布をカットする。

2 ボタンの型に布を入れ、メタルのボタンパーツを重ねる。

3 布をまとめて型に収め、ボタン足のついたパーツを重ねる。

4 押し込み具を型に入れる。

5 指でグッと押し込む。

6 型から取り出す。

※キットにより作り方が異なることがあります。

各作品の作り方

[材料について]
- 型紙は70ページにあります。
- モチーフはプリーツに合わせてお好みのものを使用してください。ただし、オリジナルで作ることのできる「くるみボタン」や、サイズの目安がわかりやすい「ボタン」、「缶バッジ」などはサイズを掲載しています。
- プリーツに使用するリボンの用尺は10cm単位で掲載しています。リボンの厚さによっても用尺が変わりますので注意してください。テールに使用するリボンの用尺は使用サイズを掲載しています。
- アクセサリー以外は「ブローチ」として使う想定で金具を掲載しています。用途に応じて金具はお好みのものを使用してください。

[作り方について]
- 27ページからの「縫わないロゼットの作り方」で工程とコツを確認してから作りましょう。
- 必要な道具は28ページに掲載しています。
- テールをリボンや布で作る場合は、すべて最後にほつれどめをしてください(31ページ参照)。

基本のロゼット ▷ p.4 左

●型紙7……ワンウェイプリーツ／裏面のフェルトの型紙

[材料]

型紙7用土台…………	厚紙（型紙が入るサイズ）／1枚
プリーツ………………	サテンリボン（25mm）黄色／100cm
テール…………………	サテンリボン（25mm）黄色／22cm
モチーフ………………	くるみボタン（38mm）／1個
モチーフ土台…………	フェルト3×3cm／2枚
裏面……………………	フェルト6×6cm／1枚
金具……………………	ブローチピン／1個
金具どめ………………	金具の幅に合うリボン／3cm

[作り方]

1. 型紙7で裏面をカットし、プリーツ用の型紙を用意する。
2. ワンウェイプリーツを作る(p.32)。
3. テールを11cm×2本にカットし、プリーツの上に仮どめする。
4. モチーフの裏に土台を貼り、プリーツにつける。
5. 裏面のフェルトに金具をつけ、プリーツの裏に貼る。

基本のロゼット ▷ p.4 中央上

●型紙2……ワンウェイプリーツ／裏面のフェルトの型紙

[材料]

型紙2用土台…………	厚紙（型紙が入るサイズ）／1枚
プリーツ………………	サテンリボン（25mm）青／50cm
テール…………………	チロリアンテープ（32mm）／18cm
モチーフ………………	ボタン（30mm）／1個
裏面……………………	フェルト5×5cm／1枚
金具……………………	ブローチピン／1個
金具どめ………………	金具の幅に合うリボン／3cm

[作り方]

1. 型紙2で裏面をカットし、プリーツ用の型紙を用意する。
2. ワンウェイプリーツを作る(p.32)。
3. テールを9cm×2本にカットし、プリーツの裏に仮どめする。
4. モチーフをプリーツにつける。
5. 裏面のフェルトに金具をつけ、プリーツの裏に貼る。

基本のロゼット ▷ p.4 右上

●型紙1……ワンウェイプリーツ／裏面のフェルトの型紙

[材料]

型紙1用土台…………	厚紙（型紙が入るサイズ）／1枚
プリーツ………………	グログランリボン（24mm）ストライプ／80cm
テール…………………	グログランリボン（24mm）ストライプ／32cm
モチーフ………………	ボタン（24mm）／1個
裏面……………………	フェルト5×5cm／1枚
金具……………………	ブローチピン／1個
金具どめ………………	金具の幅に合うリボン／3cm

[作り方]

1. 型紙1で裏面をカットし、プリーツ用の型紙を用意する。
2. ワンウェイプリーツを作る(p.32)。
3. テールをプリーツの裏に仮どめする。16cm×1本を二つ折りし、その上に8cm×2本を1本ずつ二つ折りして輪を下にし、重ねる。
4. モチーフをプリーツにつける。
5. 裏面のフェルトに金具をつけ、プリーツの裏に貼る。

基本のロゼット　> p.4 中央下

●型紙8……ワンウェイプリーツ／裏面のフェルトの型紙

[材料]

型紙8用土台	……	厚紙（型紙が入るサイズ）／1枚
プリーツ	……	グログランリボン（15mm）深緑／80cm
テール	……	市販のタッセル／1個
モチーフ	……	くるみボタン（27mm）／1個
モチーフ土台	……	フェルト2×2cm／2枚
裏面	……	フェルト5.5×5.5cm／1枚
金具	……	ブローチピン／1個
金具どめ	……	金具の幅に合うリボン／3cm

[作り方]

1. 型紙8で裏面をカットし、プリーツ用の型紙を用意する。
2. ワンウェイプリーツの応用でプリーツを作る(p.36)。
3. タッセルをプリーツの裏に仮どめする。
4. モチーフの裏に土台を貼り、プリーツにつける。
5. 裏面のフェルトに金具をつけ、プリーツの裏に貼る。

基本のロゼット　> p.4 右下

●型紙2……ガイドに沿ったカットプリーツ（12プリーツ）／裏面のフェルトの型紙

[材料]

プリーツ	……	リボン（25mm）ストライプ／60cm
テール	……	グログランリボン（25mm）ベージュ／12cm
モチーフ	……	くるみボタン（27mm）／1個
モチーフ土台	……	フェルト2×2cm／2枚
裏面	……	フェルト5×5cm／1枚
金具	……	ブローチピン／1個
金具どめ	……	金具の幅に合うリボン／3cm

[作り方]

1. 型紙2で裏面をカットし、プリーツ用の型紙を用意する。
2. リボンを5cm×12本にカットし、カットプリーツを作る(p.33)。
3. テールをプリーツの裏に仮どめする。
4. モチーフの裏に土台を貼り、プリーツにつける。
5. 裏面のフェルトに金具をつけ、プリーツの裏に貼る。

基本のロゼット　> p.5

●型紙2……ガイドと垂直のカットプリーツ（12プリーツ）／裏面のフェルトの型紙

[材料]

プリーツ	……	ベルベットリボン（20mm）紫／60cm
テール	……	グログランリボン（25mm）あさぎ／18cm
モチーフ	……	くるみボタン（38mm）／1個
モチーフ土台	……	フェルト3×3cm／2枚
裏面	……	フェルト5×5cm／1枚
金具	……	ブローチピン／1個
金具どめ	……	金具の幅に合うリボン／3cm

[作り方]

1. 型紙2で裏面をカットし、プリーツ用の型紙を用意する。
2. リボンを5cm×12本にカットし、カットプリーツを作る(p.33)。
3. テールを二つ折りし、プリーツの裏に仮どめする。
4. モチーフの裏に土台を貼り、プリーツにつける。
5. 裏面のフェルトに金具をつけ、プリーツの裏に貼る。

ダブルプリーツのロゼット　▷p.6 左

- ●**型紙7**……ワンウェイプリーツ／裏面のフェルトの型紙
- ●**型紙4**……ガイドと垂直のカットプリーツ(6プリーツ)

[材料]

型紙7用土台	厚紙(型紙が入るサイズ)／1枚
型紙7のプリーツ	サテンリボン(25mm)濃赤／100cm
型紙4のプリーツ	サテンリボン(15mm)紺／30cm
テール	サテンリボン(25mm)濃赤／12cm
	サテンリボン(25mm)紺／24cm
モチーフ	くるみボタン(38mm)／1個
モチーフ土台	フェルト3×3cm／2枚
裏面	フェルト6×6cm／を1枚
金具	ブローチピン／1個
金具どめ	金具の幅に合うリボン／3cm

[作り方]

1. 型紙7で裏面をカットし、プリーツ用の型紙を用意する。
2. 型紙7でワンウェイプリーツを作る(p.32)。
3. 型紙4のリボンを5cm×6本にカットし、カットプリーツを作る(p.33)。2の上に貼る。
4. テール(紺)を12cm×2本にカットし、テール(濃赤)と合わせてプリーツの裏に仮どめする。
5. モチーフの裏に土台を貼り、プリーツにつける。
6. 裏面のフェルトに金具をつけ、プリーツの裏に貼る。

ダブルプリーツのロゼット　▷p.6 中央上

- ●**型紙1**……ワンウェイプリーツ／裏面のフェルトの型紙
- ●**型紙3**……ワンウェイプリーツ

[材料]

型紙用土台	厚紙(型紙1が入るサイズ)／1枚
型紙1のプリーツ	リボン(25mm)チェック／80cm
型紙3のプリーツ	サテンリボン(18mm)紫／60cm
テール	リボン(25mm)チェック／20cm
モチーフ	くるみボタン(38mm)／1個
モチーフ土台	フェルト3×3cm／2枚
裏面	フェルト5×5cm／1枚
金具	ブローチピン／1個
金具どめ	金具の幅に合うリボン／3cm

[作り方]

1. 型紙1で裏面をカットし、プリーツ用の型紙を用意する。
2. 型紙1でワンウェイプリーツを作る(p.32)。
3. テールを二つ折りし、プリーツの上に仮どめする。
4. 型紙3でワンウェイプリーツを作り(p.32)、3の上に貼る。
5. モチーフの裏に土台を貼り、プリーツにつける。
6. 裏面のフェルトに金具をつけ、プリーツの裏に貼る。

ダブルプリーツのロゼット　▷p.6 中央下

- ●**型紙2**……ワンウェイプリーツ／裏面のフェルトの型紙
- ●**型紙4**……ガイドに沿ったカットプリーツ(6プリーツ)

[材料]

型紙2用土台	厚紙(型紙が入るサイズ)／1枚
型紙2のプリーツ	サテンリボン(25mm)ドット／50cm
型紙4のプリーツ	グログランリボン(17mm)白／30cm
テール	サテンリボン(25mm)ドット／14cm
モチーフ	くるみボタン(27mm)／1個
モチーフ土台	フェルト2×2cm／2枚
裏面	フェルト5×5cm／1枚
金具	ブローチピン／1個
金具どめ	金具の幅に合うリボン／3cm

[作り方]

1. 型紙2で裏面をカットし、プリーツ用の型紙を用意する。
2. 型紙2でワンウェイプリーツを作る(p.32)。
3. 型紙4のリボンを4cm×6本にカットし、カットプリーツを作る(p.33)。裏の処理はせずに2の上に貼る。
4. テールを二つ折りし、プリーツの裏に仮どめする。
5. モチーフの裏に土台を貼り、プリーツにつける。
6. 裏面のフェルトに金具をつけ、プリーツの裏に貼る。

ダブルプリーツのロゼット > p.6 右

- ●型紙4……ガイドと垂直のカットプリーツ(6プリーツ)／裏面のフェルトの型紙
- ●型紙3……ワンウェイプリーツ

[材料]

型紙用土台	厚紙(型紙3が入るサイズ)／1枚
型紙4のプリーツ	グログランリボン(15mm)水色／30cm
型紙3のプリーツ	グログランリボン(15mm)オレンジ／60cm
テール	グログランリボン(15mm)水色／20cm
モチーフ	くるみボタン(27mm)／1個
モチーフ土台	フェルト2×2cm／2枚
裏面	フェルト4×4cm／1枚
金具	ブローチピン／1個
金具どめ	金具の幅に合うリボン／3cm

[作り方]

1. 型紙4で裏面をカットし、プリーツ用の型紙を用意する。
2. 型紙4のリボンを5cm×6本にカットし、カットプリーツを作る(p.33)。
3. 型紙3でワンウェイプリーツを作り(p.32)、2の上に貼る。
4. テールを二つ折りし、プリーツの裏に仮どめする。
5. モチーフの裏に土台を貼り、プリーツにつける。
6. 裏面のフェルトに金具をつけ、プリーツの裏に貼る。

ダブルプリーツのロゼット > p.7 左

- ●型紙2……ガイドに沿ったカットプリーツ(12プリーツ)／裏面のフェルトの型紙
- ●型紙6……ガイドと垂直のカットプリーツ(6プリーツ)

[材料]

型紙2のプリーツ	サテンリボン(25mm)黄色／60cm
型紙6のプリーツ	グログランリボン(9mm)ストライプ／30cm
テール	サテンリボン(25mm)黄色／14cm
モチーフ	くるみボタン(27mm)／1個
モチーフ土台	フェルト2×2cm／2枚
裏面	フェルト5×5cm／1枚
金具	ブローチピン／1個
金具どめ	金具の幅に合うリボン／3cm

[作り方]

1. 型紙2で裏面をカットし、プリーツ用の型紙を用意する。
2. 型紙2のリボンを5cm×12本にカットし、カットプリーツを作る(p.33)。
3. 型紙6のリボンを4cm×6本にカットし、カットプリーツを作る(p.33)。2の上に貼る。
4. テールを二つ折りし、プリーツの裏に仮どめする。
5. モチーフの裏に土台を貼り、プリーツにつける。
6. 裏面のフェルトに金具をつけ、プリーツの裏に貼る。

ダブルプリーツのロゼット > p.7 中央

- ●型紙2……ワンウェイプリーツ／裏面のフェルトの型紙
- ●型紙3……ワンウェイプリーツ

[材料]

型紙用土台	厚紙(型紙2が入るサイズ)／1枚
型紙2のプリーツ	リバーシブルリボン(24mm)金茶／50cm
型紙3のプリーツ	サテンリボン(20mm)青／60cm
テール	リバーシブルリボン(24mm)金茶／12cm
モチーフ	ボタン(20mm)／1個
裏面	フェルト5×5cm／1枚
金具	ブローチピン／1個
金具どめ	金具の幅に合うリボン／3cm

[作り方]

1. 型紙2で裏面をカットし、プリーツ用の型紙を用意する。
2. 型紙2でワンウェイプリーツを作る(p.32)。
3. テールを二つ折りし、プリーツの上に仮どめする。
4. 型紙3でワンウェイプリーツを作り(p.32)、3の上に貼る。
5. モチーフをプリーツにつける。
6. 裏面のフェルトに金具をつけ、プリーツの裏に貼る。

ダブルプリーツのロゼット ▶ p.7 右

- ●型紙2①……ガイドと垂直のカットプリーツ(6プリーツ)／裏面のフェルトの型紙
- ●型紙2②……ガイドに沿ったカットプリーツ(12プリーツ)

[材料]

型紙2①のプリーツ	グログランリボン(12mm)トリコロール／30cm
型紙2②のプリーツ	グログランリボン(25mm)深緑／50cm
テール	グログランリボン(25mm)深緑／26cm グログランリボン(12mm)トリコロール／13cm
モチーフ	ボタン(18mm)／1個
裏面	フェルト5×5cm／1枚
金具	ブローチピン／1個
金具どめ	金具の幅に合うリボン／3cm

[作り方]

1. 型紙2で裏面をカットし、プリーツ用の型紙を用意する。
2. 型紙2①のリボンを5cm×6本にカットし、カットプリーツを作る(p.33)。
3. 型紙2②のリボンを4cm×12本にカットし、カットプリーツを作る(p.33)。2の上に貼る。
4. テール(深緑)を二つ折りし、テール(トリコロール)と合わせてプリーツの裏に仮どめする。
5. モチーフをプリーツにつける。
6. 裏面のフェルトに金具をつけ、プリーツの裏に貼る。

モチーフのバリエーション ▶ p.8 左

- ●型紙2………ワンウェイプリーツ／裏面のフェルトの型紙

[材料]

型紙2用土台	厚紙(型紙が入るサイズ)／1枚
プリーツ	サテンリボン(25mm)ピンク／50cm
テール	グログランリボン(35mm)トリコロール／7cm
モチーフ	刺しゅうワッペン／1個
裏面	フェルト5×5cm／1枚
金具	ブローチピン／1個
金具どめ	金具の幅に合うリボン／3cm

[作り方]

1. 型紙2で裏面をカットし、プリーツ用の型紙を用意する。
2. ワンウェイプリーツを作る(p.32)。
3. テールをプリーツの裏に仮どめする。
4. モチーフをプリーツにつける。
5. 裏面のフェルトに金具をつけ、プリーツの裏に貼る。

モチーフのバリエーション ▶ p.8 中央左

- ●型紙4………ワンウェイプリーツ／裏面のフェルトの型紙

[材料]

型紙4用土台	厚紙(型紙が入るサイズ)／1枚
プリーツ	サテンリボン(17mm)オレンジ／40cm
テール	刺しゅうリボン(24mm)／12cm
モチーフ	スパンコールモチーフ／1個
裏面	フェルト4×4cm／1枚
金具	ブローチピン／1個
金具どめ	金具の幅に合うリボン／3cm

[作り方]

1. 型紙4で裏面をカットし、プリーツ用の型紙を用意する。
2. ワンウェイプリーツを作る(p.32)。
3. テールを6cm×2本にカットし、プリーツの裏に仮どめする。
4. モチーフをプリーツにつける。
5. 裏面のフェルトに金具をつけ、プリーツの裏に貼る。

モチーフのバリエーション 〉 p.8 中央右

- ●型紙2……ワンウェイプリーツ／裏面のフェルトの型紙
- ●型紙6……ガイドと垂直のカットプリーツ(12プリーツ)

[材料]

型紙2用土台…………	厚紙(型紙が入るサイズ)／1枚
型紙2のプリーツ……	リバーシブルリボン(24mm)金銀／50cm
型紙6のプリーツ……	リボン(10mm)水玉／40cm
テール………………	リバーシブルリボン(24mm)金銀／12cm
モチーフ……………	ミニチュアのトラ／1個
裏面…………………	フェルト5×5cm／1枚
金具…………………	ブローチピン／1個
金具どめ……………	金具の幅に合うリボン／3cm

[作り方]

1. 型紙2で裏面をカットし、プリーツ用の型紙を用意する。
2. 型紙2でワンウェイプリーツを作る(p.32)。
3. テールを6cm×2本にカットし、金の面が表に出るようプリーツの上に仮どめする。
4. 型紙6のリボンを3cm×12本にカットし、カットプリーツを作る(p.33)。3の上に貼る。
5. モチーフをプリーツにつける。
6. 裏面のフェルトに金具をつけ、プリーツの裏に貼る。

モチーフのバリエーション 〉 p.8 右

- ●型紙1……ワンウェイプリーツ／裏面のフェルトの型紙
- ●型紙3……ワンウェイプリーツ

[材料]

型紙用土台…………	厚紙(型紙1が入るサイズ)／1枚
型紙1のプリーツ……	グログランリボン(25mm)赤／80cm
型紙3のプリーツ……	グログランリボン(17mm)白／60cm
テール………………	タフタリボン(40mm)チェック／16cm
モチーフ……………	缶バッジ(30mm)／金具を外したもの1個
モチーフ土台………	フェルト2×2cm／2枚
裏面…………………	フェルト5×5cm／1枚
金具…………………	ブローチピン／1個
金具どめ……………	金具の幅に合うリボン／3cm

[作り方]

1. 型紙1で裏面をカットし、プリーツ用の型紙を用意する。
2. 型紙1でワンウェイプリーツを作る(p.32)。
3. 型紙3でワンウェイプリーツを作り(p.32)、2の上に貼る。
4. テールを二つ折りし、プリーツの裏に仮どめする。
5. モチーフの裏に土台を貼り、プリーツにつける。
6. 裏面のフェルトに金具をつけ、プリーツの裏に貼る。

モチーフのバリエーション 〉 p.9 左

- ●型紙4……ガイドに沿ったカットプリーツ(12プリーツ)／裏面のフェルトの型紙
- ●型紙6……ガイドに沿ったカットプリーツ(6プリーツ)

[材料]

型紙4のプリーツ……	リバーシブルリボン(17mm)水玉／50cm
型紙6のプリーツ……	サテンリボン(12mm)青／20cm
テール………………	リバーシブルリボン(17mm)水玉／12cm
モチーフ……………	ミニチュアの人形／1個
裏面…………………	フェルト4×4cm／1枚
金具…………………	ブローチピン／1個
金具どめ……………	金具の幅に合うリボン／3cm

[作り方]

1. 型紙4で裏面をカットし、プリーツ用の型紙を用意する。
2. 型紙4のリボンを4cm×12本にカットし、カットプリーツを作る(p.33)。
3. 型紙6のリボンを3cm×6本にカットし、カットプリーツを作る(p.33)。裏の処理はせずに2の上に貼る。
4. テールを6cm×2本にカットし、プリーツの裏に仮どめする。
5. モチーフをプリーツにつける。
6. 裏面のフェルトに金具をつけ、プリーツの裏に貼る。

モチーフのバリエーション 〉 p.9 中央

- ●型紙2………ガイドに沿ったカットプリーツ（12プリーツ）／裏面のフェルトの型紙
- ●型紙6………ガイドに沿ったカットプリーツ（6プリーツ）

[材料]

型紙2のプリーツ……	グログランリボン(18mm)紫／60cm
型紙6のプリーツ……	グログランリボン(15mm)青緑／20cm
テール………………	グログランリボン(18mm)紫／30cm
	サテンリボン(6mm)芥子／15cm
モチーフ……………	メタルチャーム／1個
裏面…………………	フェルト5×5cm／1枚
金具…………………	ブローチピン／1個
金具どめ……………	金具の幅に合うリボン／3cm

[作り方]

1. 型紙2で裏面をカットし、プリーツ用の型紙を用意する。
2. 型紙2のリボンを5cm×12本にカットし、カットプリーツを作る(p.33)。
3. 型紙6のリボンを3cm×6本にカットし、カットプリーツを作る(p.33)。裏の処理はせずに 2 の上に貼る。
4. テール（紫）を二つ折りし、テール（芥子）と合わせてプリーツの裏に仮どめする。
5. モチーフをプリーツにつける。
6. 裏面のフェルトに金具をつけ、プリーツの裏に貼る。

モチーフのバリエーション 〉 p.9 右

- ●型紙4………ワンウェイプリーツ／裏面のフェルトの型紙
- ●型紙6………ガイドに沿ったカットプリーツ（6プリーツ）

[材料]

型紙4用土台…………	厚紙(型紙が入るサイズ)／1枚
型紙4のプリーツ……	サテンリボン(17mm)水色／40cm
型紙6のプリーツ……	サテンリボン(17mm)黄色／20cm
テール………………	サテンリボン(17mm)水色と黄色／各6cm
モチーフ……………	プラバン(p.69)／1個
モチーフ土台………	紙／1枚
裏面…………………	フェルト4×4cm／1枚
金具…………………	ブローチピン／1個
金具どめ……………	金具の幅に合うリボン／3cm

[作り方]

1. 型紙4で裏面をカットし、プリーツ用の型紙を用意する。
2. 型紙4でワンウェイプリーツを作る(p.32)。
3. 型紙6のリボンを3cm×6本にカットし、カットプリーツを作る(p.33)。裏の処理はせずに 2 の上に貼る。
4. テールを2本、プリーツの裏に仮どめする。
5. モチーフに紙を裏貼りしてから、プリーツにつける。
6. 裏面のフェルトに金具をつけ、プリーツの裏に貼る。

Point　プラバンモチーフは裏に紙を貼ったほうが仕上がりがきれい。大きめの紙に多用途接着剤で貼り、乾いたらカットする。

モチーフのバリエーション 〉 p.10 右

- ●型紙2………ワンウェイプリーツ／裏面のフェルトの型紙

[材料]

型紙2用土台…………	厚紙(型紙が入るサイズ)／1枚
プリーツ……………	サテンリボン(25mm)白／50cm
テール………………	グログランリボン(25mm)あさぎ／14cm
モチーフ……………	レジンパーツ／1個
裏面…………………	フェルト5×5cm／1枚
金具…………………	ブローチピン／1個
金具どめ……………	金具の幅に合うリボン／3cm

[作り方]

1. 型紙2で裏面をカットし、プリーツ用の型紙を用意する。
2. ワンウェイプリーツを作る(p.32)。
3. テールを二つ折りし、プリーツの裏に仮どめする。
4. モチーフをプリーツにつける。
5. 裏面のフェルトに金具をつけ、プリーツの裏に貼る。

Point　モチーフは、直径30mmのレジン型にレジンと細かくカットしたカーリングリボンを加えて固めて作る。

モチーフのバリエーション > p.10 左

●型紙1……ワンウェイプリーツ／裏面のフェルトの型紙

[材料]

型紙1用土台	厚紙(型紙が入るサイズ)／1枚
プリーツ	レース(30mm)白／80cm
テール	レース(20mm)白／20cm
	リボン(25mm)白／21cm
	リボン(10mm)白／38cm(11、12、15cmにカット)
	リボン(8mm)ピンク×水色／33cm(14、19cmにカット)
モチーフ	レジンパーツ／1個
裏面	フェルト5×5cm／1枚
金具	ブローチピン／1個
金具どめ	金具の幅に合うリボン／3cm

[作り方]
1. **型紙1**で裏面をカットし、プリーツ用の型紙を用意する。
2. ワンウェイプリーツを作る(p.32)。
3. テールをバランスを見ながらプリーツの裏に仮どめする。
4. モチーフをプリーツにつける。
5. 裏面のフェルトに金具をつけ、プリーツの裏に貼る。

Point　モチーフは、レジン用フレームにマスキングテープを貼り、馬のシールをレジンに封入して固めたもの。

モチーフのバリエーション > p.11 左

●型紙2……ワンウェイプリーツ／裏面のフェルトの型紙

[材料]

型紙2用土台	厚紙(型紙が入るサイズ)／1枚
プリーツ	チェックリボン(25mm)／50cm
テール	チェックリボン(25mm)／10cm
モチーフ	くるみボタン(38mm)／1個
モチーフ土台	フェルト3×3cm／2枚
裏面	フェルト5×5cm／1枚
金具	ブローチピン／1個
金具どめ	金具の幅に合うリボン／3cm

[作り方]
1. **型紙2**で裏面をカットし、プリーツ用の型紙を用意する。
2. ワンウェイプリーツを作る(p.32)。
3. テールを5cm×2本にカットし、プリーツの裏に仮どめする。
4. モチーフの裏に土台を貼り、プリーツにつける。
5. 裏面のフェルトに金具をつけ、プリーツの裏に貼る。

Point　モチーフはスタンプをした布でくるみボタンを作ったもの。

モチーフのバリエーション > p.11 中央左

●型紙1……ワンウェイプリーツ／裏面のフェルトの型紙

[材料]

型紙1用土台	厚紙(型紙が入るサイズ)／1枚
プリーツ	レース(25mm)／80cm
テール	グログランリボン(25mm)えんじ／20cm
モチーフ	くるみボタン(38mm)／1個
モチーフ土台	フェルト3×3cm／2枚
裏面	フェルト5×5cm／を1枚
金具	ブローチピン／1個
金具どめ	金具の幅に合うリボン／3cm

[作り方]
1. **型紙1**で裏面をカットし、プリーツ用の型紙を用意する。
2. ワンウェイプリーツを作る(p.32)。
3. テールを二つ折りし、プリーツの裏に仮どめする。
4. モチーフの裏に土台を貼り、プリーツにつける。
5. 裏面のフェルトに金具をつけ、プリーツの裏に貼る。

Point　モチーフは生成りのコットン布でくるみボタンを作り、紙ナプキンとデコポッジ[アンジュ]でコーティングしたもの。

49

モチーフのバリエーション　> p.11 中央右

- ●型紙9………ワンウェイプリーツ／裏面のフェルトの型紙

[材料]

型紙9用土台	厚紙（型紙が入るサイズ）／1枚
プリーツ	グログランリボン(10mm)グレー／80cm
テール	市販のタッセル／1個
モチーフ	くるみボタン(27mm)／1個
モチーフ土台	フェルト2×2cm／2枚
裏面	フェルト4.5×4.5cm／1枚
金具	ブローチピン／1個
金具どめ	金具の幅に合うリボン／3cm

[作り方]

1. 型紙9で裏面をカットし、プリーツ用の型紙を用意する。
2. ワンウェイプリーツの応用でプリーツを作る(p.37)。
3. タッセルをプリーツの裏に仮どめする。
4. モチーフの裏に土台を貼り、プリーツにつける。
5. 裏面のフェルトに金具をつけ、プリーツの裏に貼る。

Point　モチーフは白のコットン布にサテン布を重ねてくるみボタンを作り、ワッペンを多用途接着剤で貼ったもの。

モチーフのバリエーション　> p.11 右

- ●型紙1………ワンウェイプリーツ／裏面のフェルトの型紙
- ●型紙6………ガイドと垂直のカットプリーツ(6プリーツ)

[材料]

型紙1用土台	厚紙（型紙が入るサイズ）／1枚
型紙1のプリーツ	グログランリボン(25mm)ストライプ／80cm
型紙6のプリーツ	グログランリボン(15mm)水色／20cm
テール	グログランリボン(25mm)ストライプ／11cm
	グログランリボン(15mm)水色／20cm
モチーフ	くるみボタン(27mm)／1個
モチーフ土台	フェルト2×2cm／2枚
裏面	フェルト5×5cm／1枚
金具	ブローチピン／1個
金具どめ	金具の幅に合うリボン／3cm

[作り方]

1. 型紙1で裏面をカットし、プリーツ用の型紙を用意する。
2. 型紙1でワンウェイプリーツを作る(p.32)。
3. 型紙6のリボンを3cm×6本にカットし、カットプリーツを作る(p.33)。2の上に貼る。
4. テール（水色）を二つ折りし、テール（ストライプ）と合わせてプリーツの裏に仮どめする。
5. モチーフの裏に土台を貼り、プリーツにつける。
6. 裏面のフェルトに金具をつけ、プリーツの裏に貼る。

リボン素材のバリエーション　> p.12 左

- ●型紙2………ワンウェイプリーツ／裏面のフェルトの型紙

[材料]

型紙2用土台	厚紙（型紙が入るサイズ）／1枚
プリーツ	デコナップリボン※(20mm)／50cm
テール	デコナップリボン※(20mm)／14cm
モチーフ	くるみボタン(27mm)／1個
モチーフ土台	フェルト2×2cm／2枚
裏面	フェルト5×5cm／1枚
金具	ブローチピン／1個
金具どめ	金具の幅に合う布／3cm

※デコナップリボンの作り方は51ページ参照。

[作り方]

1. 型紙2で裏面をカットし、プリーツ用の型紙を用意する。
2. ワンウェイプリーツを作る(p.32)。
3. テールを7cm×2本にカットし、プリーツの上に仮どめする。
4. モチーフの裏に土台を貼り、プリーツにつける。
5. 裏面のフェルトに金具をつけ、プリーツの裏に貼る。

Point　くるみボタンは、ボタンを作ってから紙ナプキンとデコパッジでコーティングする。

リボン素材のバリエーション > p.12 右上、右下

●型紙2……ワンウェイプリーツ／裏面のフェルトの型紙

[材料]

●共通
- 型紙2用土台…………厚紙(型紙が入るサイズ)／各1枚
- モチーフ……………くるみボタン(38mm)／各1個
- モチーフ土台………フェルト3×3cm／各2枚
- 裏面…………………フェルト5×5cm／各1枚
- 金具…………………ブローチピン／各1個
- 金具どめ……………金具の幅に合うリボン／各3cm

●革
- プリーツ……………フェイクレザーテープ(30mm)／50cm
- テール………………フェイクレザーテープ(30mm)／14cm

●文字柄
- プリーツ……………デコナップリボン※(30mm)／50cm
- テール………………チェックリボン(38mm)／14cm
※デコナップリボンの作り方は下記参照。

[作り方]

1. 型紙2で裏面をカットし、プリーツ用の型紙を用意する。
2. ワンウェイプリーツを作る(p.32)。
3. テールを7cm×2本にカットし、プリーツの裏に仮どめする。
4. モチーフの裏に土台を貼り、プリーツにつける。
5. 裏面のフェルトに金具をつけ、プリーツの裏に貼る。

Point　くるみボタンをデコナップリボンで作る場合は、ボタンを作ってから紙ナプキンとデコポッジでコーティングする。

デコナップリボンの作り方

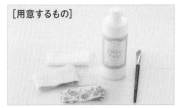

[用意するもの]
デコポッジ(布にペーパーコラージュするグルー＆ニス剤)、薄手のキャンバス布(無地)、紙ナプキン、筆、ウェットティッシュ

1　キャンバス地にデコポッジを塗る。

2　紙ナプキンの柄側の1枚をはがし、布に貼る。ウェットティッシュで押さえてなじませる。

3　さらにデコポッジを塗ってコーティングする。乾いたら好きな幅にカットする。

リボン素材のバリエーション > p.13 左

●型紙3……ワンウェイプリーツ／裏面のフェルトの型紙

[材料]
- 型紙3用土台…………厚紙(型紙が入るサイズ)／1枚
- プリーツ……………ビニールテープ(38mm)青／60cm
- テール………………ビニールテープ(38mm)青／10cm
  ビニールテープ(18mm)赤／10cm
- モチーフ……………ボタン／1個
- モチーフ土台………ビニールテープ(38mm)青／38mm
- 裏面…………………フェルト4×4cm／1枚
- 金具…………………ブローチピン／1個
- 金具どめ……………金具の幅に合わせてカットしたフェルト／3cm

[作り方]
1. 型紙3で裏面をカットし、プリーツ用の型紙を用意する。
2. プリーツ用のビニールテープを縦半分に貼り合わせ、ワンウェイプリーツを作る(p.32)。
3. モチーフ土台をプリーツの上に貼り、モチーフをつける(p.52 Point)。
4. テール用のビニールテープ(38mm)の粘着面中央にビニールテープ(18mm)を貼る。両サイドを折り返し、中央にラインが入ったテープを作る。5cm×2本にカットし、プリーツの裏に仮どめする。
5. 裏面のフェルトに金具をつけ、プリーツの裏に貼る。

51

リボン素材のバリエーション ▶ p.13 右上

●型紙3………ワンウェイプリーツ／裏面のフェルトの型紙

[材料]

型紙3用土台	厚紙（型紙が入るサイズ）／1枚
プリーツ	ビニールテープ（38mm）黄色／60cm
テール	ビニールテープ（38mm）黄色／14cm
	ビニールテープ（18mm）黒／14cm
モチーフ	ミニチュアのパンダ／1個
モチーフ土台	ビニールテープ（38mm）黄色／38mm
裏面	フェルト4×4cm／1枚
金具	ブローチピン／1個
金具どめ	金具の幅に合わせてカットしたフェルト／3cm

[作り方]

1. 型紙3で裏面をカットし、プリーツ用の型紙を用意する。
2. プリーツ用のビニールテープを縦半分に貼り合わせ、ワンウェイプリーツを作る(p.32)。
3. モチーフ土台をプリーツの上に貼り、モチーフをつける。
4. テール用のビニールテープ（38mm）の粘着面中央にビニールテープ（18mm）を貼る。両サイドを折り返し、中央にラインが入ったテープを作る。7cm×2本にカットし、プリーツの裏に仮どめする。
5. 裏面のフェルトに金具をつけ、プリーツの裏に貼る。

Point　ビニール素材のロゼットは、両面テープは普通粘着のものを、接着剤はビニール用接着剤を使って作る。
モチーフにボタンを使うときは、ボタンの足が貫通しやすいよう目打ちなどでモチーフ土台に穴をあけてからつける。

リボン素材のバリエーション ▶ p.13 下

●型紙2………ワンウェイプリーツ／裏面のフェルトの型紙

[材料]

プリーツベース	ビニール（厚さ0.15mm）型紙のサイズ／1枚
プリーツ	ビニール（厚さ0.15mmを25mm幅にカット）／50cm
テール	ビニール（厚さ0.15mmを25mm幅にカット）／10cm×2本
プリーツとテール飾り	半透明の丸シール
モチーフ	ネコのボタン／1個
裏面	カラーフェルト5×5cm／1枚
金具	ブローチピン／1個
金具どめ	金具の幅に合わせてカットしたフェルト／3cm

[作り方]

1. 型紙2で裏面をカットする。
2. 型紙の中心に仮どめ用の両面テープ（1cm位）を貼り、プリーツベースを貼る。
3. プリーツベースに両面テープを隙間なく貼り、型紙の内側のラインに沿ってカットする。
4. プリーツとテールのビニールに半透明の丸シールを貼る。
5. 3でワンウェイプリーツを作る(p.32)。丸シールを貼った面が裏になるようにする。
6. プリーツベースを残して型紙をはがす。
7. テールをそれぞれ二つ折りして輪を下にし、プリーツの裏に仮どめする。
8. モチーフをプリーツにつける。
9. 裏面のフェルトに金具をつけ、プリーツの裏に貼る。

Point　ビニール素材のロゼットは、両面テープは普通粘着のものを、接着剤はビニール用接着剤を使って作る。
モチーフにボタンを使うときは、ボタンの足が貫通しやすいように目打ちなどでプリーツベースに穴をあけてからつける。

リボン素材のバリエーション 〉p.14

●型紙4……ワンウェイプリーツ／裏面の型紙

[材料]

型紙4用土台	厚紙（型紙が入るサイズ）／各1枚
プリーツ	マスキングテープ（20mm）／各40cm
プリーツ用裏地	サテンリボン（12〜20mm）プリーツの色に似たもの／各40cm
テール	マスキングテープ（20mm）／10cm×2枚を貼り合わせたものを各1枚
モチーフ	シーリングワックス／各1個
裏面	画用紙4×4cm／各1枚
金具	安全ピン／各1個
金具どめ	金具の幅に合うリボン／各3cm

[作り方]

1. 型紙4で裏面をカットし、プリーツ用の型紙を用意する。
2. サテンリボンにマスキングテープを貼り、ワンウェイプリーツを作る(p.32)。サテンリボンの幅が狭い場合は、貼り合わせのない部分が内側になるようにプリーツを作る。
3. テールを二つ折りしてプリーツの表、または裏に仮どめする。
4. モチーフをプリーツにつける。
5. 裏面の紙に金具をつけ、プリーツの裏に強力タイプの両面テープで貼る。

Point　モチーフはシーリングワックスを紙にたらしてスタンプを押し、紙ごとカットしたもの。

リボン素材のバリエーション 〉p.15 左

●型紙1……ワンウェイプリーツ／裏面のフェルトの型紙

[材料]

型紙1用土台	厚紙（型紙が入るサイズ）／1枚
プリーツ	布（25mm）チェック／80cm
テール	布（40mm）チェック／12cm
モチーフ	ボタン／1個
裏面	フェルト5×5cm／1枚
金具	ブローチピン／1個
金具どめ	金具の幅より2cm広い布／3cm

[作り方]

1. 型紙1で裏面をカットし、プリーツ用の型紙を用意する。
2. プリーツ用の布を25mm幅でカットし、片側を3mmほど糸を抜く。ワンウェイプリーツを作る(p.32)。
3. テール用の布を40mm幅でカットし、両側を1cmずつ糸を抜く。二つ折りして輪を下にし、プリーツの裏に仮どめする。
4. モチーフをプリーツにつける。
5. 裏面のフェルトに金具をつけ、プリーツの裏に貼る。

Point　布は織りが粗めのものを使うとよい。金具どめは金具の幅より2cm広い布を両側1cmずつ折り、両面テープで貼って作る。

リボン素材のバリエーション 〉p.15 中央上

●型紙2……ワンウェイプリーツ／裏面のフェルトの型紙

[材料]

型紙2用土台	厚紙（型紙が入るサイズ）／1枚
プリーツ	布（50mm）チェック／50cm
テール	グログランリボン（24mm）黄色／12cm
モチーフ	くるみボタン（27mm）／1個
モチーフ土台	フェルト2×2cm／2枚
裏面	フェルト5×5cm／1枚
金具	ブローチピン／1個
金具どめ	金具の幅に合うリボン／3cm

[作り方]

1. 型紙2で裏面をカットし、プリーツ用の型紙を用意する。
2. プリーツ用の布を50mm幅でカットし、中心2cm残して両側の糸を抜く。25mm幅に二つ折りし、アイロンをかけてからワンウェイプリーツを作る(p.32)。
3. テールを二つ折りし、プリーツの裏に仮どめする。
4. モチーフの裏に土台を貼り、プリーツにつける。
5. 裏面のフェルトに金具をつけ、プリーツの裏に貼る。

Point　布は織りが粗めのものを使うとよい。

53

リボン素材のバリエーション ▷ p.15 中央下

- ●型紙3……ワンウェイプリーツ／裏面のフェルトの型紙
- ●型紙4……ワンウェイプリーツ

[材料]

型紙用土台	厚紙（型紙3が入るサイズ）／1枚
型紙3のプリーツ	布（20mm）ストライプ／60cm
型紙4のプリーツ	布（15mm）青※／40cm
テール	布（25mm）青※／10cm×2本
モチーフ	ボタン（25mm）／1個
裏面	フェルト4×4cm／1枚
金具	ブローチピン／1個
金具どめ	金具の幅より2cm広い布／3cm

※型紙4のプリーツとテールに使う布は、縦糸と横糸の色が違うものを使う。

[作り方]

1. 型紙3で裏面をカットし、プリーツ用の型紙を用意する。
2. 型紙3の布を20mm幅でカットし、片側を3mmほど糸を抜く。ワンウェイプリーツを作る(p.32)。
3. 型紙4の布を15mm幅でカットし、片側を3mmほど糸を抜く。ワンウェイプリーツを作り(p.32)、2の上に貼る。
4. テールをそれぞれ二つ折りして輪を下にし、プリーツの裏に仮どめする。
5. モチーフをプリーツにつける。
6. 裏面のフェルトに金具をつけ、プリーツの裏に貼る。

Point 布は織りが粗めのものを使うとよい。金具どめが金具の幅より2cm広い布を両側1cmずつ折り、両面テープで貼って作る。

リボン素材のバリエーション ▷ p.15 右

- ●型紙3……ワンウェイプリーツ／裏面のフェルトの型紙

[材料]

型紙3用土台	厚紙（型紙が入るサイズ）／1枚
プリーツ	布（20mm）チェック／60cm
テール	布（20mm）チェック／16cm
モチーフ	くるみボタン（27mm）／1個
モチーフ土台	フェルト2×2cm／2枚
裏面	フェルト4×4cm／1枚
金具	ブローチピン／1個
金具どめ	金具の幅より2cm広い布／3cm

[作り方]

1. 型紙3で裏面をカットし、プリーツ用の型紙を用意する。
2. プリーツ用の布を20mm幅でカットし、片側を3mmほど糸を抜く。ワンウェイプリーツを作る(p.32)。
3. テールを二つ折りし、プリーツの裏に仮どめする。
4. モチーフの裏に土台を貼り、プリーツにつける。
5. 裏面のフェルトに金具をつけ、プリーツの裏に貼る。

Point 布は織りが粗めのものを使うとよい。くるみボタンも共布で作る。金具どめは金具の幅より2cm広い布を両側1cmずつ折り、両面テープで貼って作る。

記念日のロゼット・baby 〉p.16 左

- ●型紙1……ワンウェイプリーツ／裏面のフェルトの型紙
- ●型紙4……ワンウェイプリーツ

[材料]

型紙用土台	厚紙(型紙1が入るサイズ)／1枚	
型紙1のプリーツ	オーガンジーリボン(24mm)ミント／80cm	
型紙4のプリーツ	グログランリボン(17mm)緑／40cm	
テール	サテンリボン(25mm)白／16cm	
モチーフ	くるみボタン(38mm)／1個	
モチーフ土台	フェルト3×3cm／2枚	
裏面	フェルト5×5cm／1枚	
金具	ブローチピン／1個	
金具どめ	金具の幅に合うリボン／3cm	

[作り方]

1. 型紙1で裏面をカットし、プリーツ用の型紙を用意する。
2. 型紙1でワンウェイプリーツを作る(p.32)。
3. 型紙4でワンウェイプリーツを作り(p.32)、2に貼る。
4. テールを二つ折りし、プリーツの裏に仮どめする。
5. モチーフの裏に土台を貼り、プリーツにつける。
6. 裏面のフェルトに金具をつけ、プリーツの裏に貼る。

Point　モチーフはくるみボタンにハートのワッペンを貼ったもの。

記念日のロゼット・baby 〉p.16 右上

- ●型紙4……ワンウェイプリーツ／裏面のフェルトの型紙

[材料]

型紙4用土台	厚紙(型紙が入るサイズ)／1枚	
プリーツ	オーガンジーリボン(15mm)ストライプ／40cm	
テール	オーガンジーリボン(15mm)ストライプ／12cm	
モチーフ	ボタン(13mm)／1個	
裏面	フェルト4×4cm／1枚	
金具	ブローチピン／1個	
金具どめ	金具の幅に合うリボン／3cm	

[作り方]

1. 型紙4で裏面をカットし、プリーツ用の型紙を用意する。
2. ワンウェイプリーツを作る(p.32)。
3. テールを二つ折りし、プリーツの裏に仮どめする。
4. モチーフをプリーツにつける。
5. 裏面のフェルトに金具をつけ、プリーツの裏に貼る。

記念日のロゼット・baby 〉p.16 右下

- ●型紙1……ワンウェイプリーツ／裏面のフェルトの型紙
- ●型紙3……ワンウェイプリーツ

[材料]

型紙用土台	厚紙(型紙1が入るサイズ)／1枚	
型紙1のプリーツ	レース(30mm)ピンク／80cm	
型紙3のプリーツ	サテンリボン(17mm)ベージュ／60cm	
テール	グログランリボン(25mm)ピンク／12cm×2本	
モチーフ	くるみボタン(38mm)／1個	
モチーフ土台	フェルト3×3cm／2枚	
裏面	フェルト5×5cm／1枚	
金具	ブローチピン／1個	
金具どめ	金具の幅に合うリボン／3cm	

[作り方]

1. 型紙1で裏面をカットし、プリーツ用の型紙を用意する。
2. 型紙1でワンウェイプリーツを作る(p.32)。
3. 型紙3でワンウェイプリーツを作り(p.32)、2に貼る。
4. テールをそれぞれ二つ折りして輪を下にし、プリーツの裏に仮どめする。
5. モチーフの裏に土台を貼り、プリーツにつける。
6. 裏面のフェルトに金具をつけ、プリーツの裏に貼る。

Point　モチーフはくるみボタンに「A」のワッペンを貼ったもの。

55

記念日のロゼット・長寿　> p.17 左上

- ●型紙3……ワンウェイプリーツ／裏面のフェルトの型紙
- ●型紙6……ガイドと垂直のカットプリーツ（12プリーツ）

[材料]

型紙3用土台	厚紙（型紙が入るサイズ）	／1枚
型紙3のプリーツ	サテンリボン（15mm）あさぎ	／60cm
型紙6のプリーツ	チロリアンテープ（10mm）あさぎ	／40cm
テール	サテンリボン（15mm）あさぎ	／8cm
	チロリアンテープ（10mm）あさぎ	／8cm
モチーフ	花の市販パーツ	／1個
裏面	フェルト4×4cm	／1枚
金具	ブローチピン	／1個
金具どめ	金具の幅に合うリボン	／3cm

[作り方]

1. 型紙3で裏面をカットし、プリーツ用の型紙を用意する。
2. 型紙3でワンウェイプリーツを作る(p.32)。
3. テールをそれぞれ4cm×2本にカットして1本ずつ重ね。プリーツの上に仮どめする。
4. 型紙6のリボンを3cm×12本にカットし、カットプリーツを作る(p.33)。3の上に貼る。
5. モチーフをプリーツにつける。
6. 裏面のフェルトに金具をつけ、プリーツの裏に貼る。

記念日のロゼット・長寿　> p.17 左下

- ●型紙9……ワンウェイプリーツ／裏面のフェルトの型紙

[材料]

型紙9用土台	厚紙（型紙が入るサイズ）	／1枚
プリーツ	チェックリボン（15mm）緑	／80cm
テール	グログランリボン（25mm）紫	／12cm
	チェックリボン（15mm）緑	／6cm
モチーフ	ボタン（25mm）	／1個
裏面	フェルト4.5×4.5cm	／1枚
金具	ブローチピン	／1個
金具どめ	金具の幅に合うリボン	／3cm

[作り方]

1. 型紙9で裏面をカットし、プリーツ用の型紙を用意する。
2. ワンウェイプリーツの応用でプリーツを作る(p.37)。
3. テール（紫）を二つ折りして輪を下にし、テール（緑）を重ねてプリーツの裏に仮どめする。
4. モチーフをプリーツにつける。
5. 裏面のフェルトに金具をつけ、プリーツの裏に貼る。

記念日のロゼット・長寿　> p.17 中央左

- ●型紙3……ワンウェイプリーツ／裏面のフェルトの型紙
- ●型紙4……ガイドに沿ったカットプリーツ（12プリーツ）

[材料]

型紙3用土台	厚紙（型紙が入るサイズ）	／1枚
型紙3のプリーツ	グログランリボン（15mm）ピンク	／60cm
型紙4のプリーツ	グログランリボン（15mm）ピンク	／40cm
テール	グログランリボン（25mm）あさぎ	／12cm
モチーフ	ボタン（13mm角）	／1個
裏面	フェルト4×4cm	／1枚
金具	ブローチピン	／1個
金具どめ	金具の幅に合うリボン	／3cm

[作り方]

1. 型紙3で裏面をカットし、プリーツ用の型紙を用意する。
2. 型紙3でワンウェイプリーツを作る(p.32)。
3. 型紙4のリボンを3cm×12本にカットし、カットプリーツを作る(p.33)。裏の処理はせずに2の上に貼る。
4. テールを二つ折りし、プリーツの裏に仮どめする。
5. モチーフをプリーツにつける。
6. 裏面のフェルトに金具をつけ、プリーツの裏に貼る。

56

記念日のロゼット・長寿 > p.17 中央中

- ●型紙3……ワンウェイプリーツ／裏面のフェルトの型紙
- ●型紙10……フラワープリーツ

[材料]

- 型紙3用土台………… 厚紙（型紙が入るサイズ）／1枚
- 型紙3のプリーツ……… グログランリボン（15mm）藤／60cm
- 型紙10のプリーツ…… グログランリボン（15mm）藤／70cm
- テール………………… サテンリボン（20mm）金／12cm
  チェックリボン（15mm）／6cm
- 裏面…………………… フェルト4×4cm／1枚
- 金具…………………… ブローチピン／1個
- 金具どめ……………… 金具の幅に合うリボン／3cm

[作り方]

1. 型紙3で裏面をカットし、プリーツ用の型紙を用意する。
2. 型紙3でワンウェイプリーツを作る（p.32）。
3. 型紙10でフラワープリーツを作り（p.35）、2の上に貼る。
4. テール（金）を6cm×2本にカットし、テール（チェック）を重ねてプリーツの裏に仮どめする。
5. 裏面のフェルトに金具をつけ、プリーツの裏に貼る。

記念日のロゼット・長寿 > p.17 中央右

- ●型紙1……ワンウェイプリーツ／裏面の型紙

[材料]

- 型紙1用土台………… 厚紙（型紙が入るサイズ）／1枚
- プリーツ……………… グログランリボン（25mm）赤／80cm
- テール………………… グログランリボン（38mm）赤／12cm
  サテンリボン（25mm）銀／12cm
- モチーフ……………… 厚紙（直径45mm）／1枚
- 裏面…………………… 画用紙5×5cm／1枚
- 金具…………………… 安全ピン／1個
- 金具どめ……………… 金具の幅に合うリボン／3cm

[作り方]

1. 型紙1で裏面をカットし、プリーツ用の型紙を用意する。
2. ワンウェイプリーツを作る（p.32）。
3. テールをプリーツの裏に仮どめする。グログランリボンの中心にサテンリボンを重ねて貼る。
4. モチーフを強力タイプの両面テープでプリーツにつける。
5. 裏面の紙に金具をつけ、プリーツの裏に強力タイプの両面テープで貼る。

Point　モチーフは厚紙に「おめでとう！」のスタンプを押したり、シールを貼って作る。

記念日のロゼット・長寿 > p.17 右

- ●型紙1……ワンウェイプリーツ／裏面のフェルトの型紙

[材料]

- 型紙1用土台………… 厚紙（型紙が入るサイズ）／1枚
- プリーツ……………… グログランリボン（25mm）水色／80cm
- テール………………… チロリアンテープ（22mm）赤／10cm、12cm
- モチーフ……………… 市販のシルバーパーツ（38mm）／1個
- 裏面…………………… フェルト5×5cm／1枚
- 金具…………………… ブローチピン／1個
- 金具どめ……………… 金具の幅に合うリボン／3cm

[作り方]

1. 型紙1で裏面をカットし、プリーツ用の型紙を用意する。
2. ワンウェイプリーツを作る（p.32）。
3. テール2本をプリーツの上に仮どめする。
4. モチーフをプリーツにつける。
5. 裏面のフェルトに金具をつけ、プリーツの裏に貼る。

記念日のロゼット・Wedding　p.18

- ●型紙7……ワンウェイプリーツ／裏面のフェルトの型紙
- ●型紙1……ワンウェイプリーツ

[材料]

型紙用土台	厚紙（型紙7が入るサイズ）／各1枚
型紙7のプリーツ	サテンリボン(38mm)A色／各100cm
型紙1のプリーツ	サテンリボン(24mm)B色／各80cm
テール	サテンリボン(38mm)A色／各30〜60cm
	サテンリボン(24mm)B色／各30〜60cm
	サテンリボン(9mm)ベージュ／各30〜60cm
モチーフ	くるみボタン(38mm)／各1個
モチーフ土台	フェルト3×3cm／各2枚
裏面	フェルト6×6cm／各1枚
金具	丸皿付きクリップ／各1個

※A色は紺（またはピンク）、B色は水色（または薄ピンク）

[作り方]

1. 型紙7で裏面をカットし、プリーツ用の型紙を用意する。
2. 型紙7でワンウェイプリーツを作る(p.32)。
3. テールを3本、プリーツの上に仮どめする。
4. 型紙1でワンウェイプリーツを作り(p.32)、3の上に貼る。
5. モチーフの裏に土台を貼り、をプリーツにつける。
6. 裏面のフェルトをプリーツの裏に貼り、多用途接着剤で金具をつける。

Point　モチーフは、イニシャルをアイロン用の転写シートでつけた布を使い、くるみボタンを作る。
テールの長さはお好みで調節を。

記念日のロゼット・Wedding　p.19 右

- ●型紙4……2枚用意。ワンウェイプリーツ／裏面のフェルトの型紙
- ●型紙3……ワンウェイプリーツ／裏面のフェルトの型紙
- ●型紙5……ワンウェイプリーツ
- ●型紙6……ワンウェイプリーツ
- ●型紙10……フラワープリーツ

[材料]

型紙用土台	厚紙（型紙3、4が入るサイズ）／3枚
裏面	フェルト4×4cm／3枚
テール	サテンリボン(25mm)パール／30cm
	サテンリボン(6mm)ベージュ／38cm
	レース(15mm)ドット／33cm
金具	バレッタ(85mm)1個

●左

型紙4のプリーツ①（外）	サテンリボン(17mm)ベージュ／40cm
型紙6のプリーツ（内）	サテンリボン(12mm)濃グレー／30cm
モチーフ①	サテンリボン(15mm)薄グレー／25cm

●中央

型紙3のプリーツ（外）	サテンリボン(15mm)薄グレー／60cm
型紙5のプリーツ（内）	レース(15mm)白／40cm
モチーフ②	サテンリボン(6mm)ベージュ／25cm

●右

型紙4のプリーツ②（外）	コットンリボン(20mm)ベージュ／40cm
型紙10のプリーツ（内）	レース(25mm)ドット／70cm

[作り方]

1. 型紙を用意し、型紙3と4の3枚でフェルトをカットする。厚紙を貼ってからそれぞれプリーツを作る(p.32)。
2. 型紙5、6、10には厚紙を貼らず、プリーツを作る(p.32、p.35)。
3. 外側となる1のプリーツに、内側となる2を貼る。
4. モチーフ①②のリボンを蝶々結びにし、端をカットして3の上に貼る。端は水で溶いた木工用接着剤でほつれどめをする。
5. 裏面のフェルト3枚をそれぞれ貼る。
6. テール3本を両面テープでバレッタの中央に仮どめする。
7. バレッタに3つのロゼットパーツを多用途接着剤で貼る。

Point　裏面のフェルトは厚さ1〜1.5mmの薄いものを使う。

58

記念日のロゼット・Wedding > p.19 左

●**型紙1**……ワンウェイプリーツ／裏面のフェルトの型紙

[材料]

型紙1用土台	厚紙(型紙が入るサイズ)／各1枚
プリーツ	サテンリボン(24mm)好きな色／各80cm
テール	サテン(24mm)プリーツと同色／各14cm
モチーフ	くるみボタン(38mm)／各1個
モチーフ土台	フェルト3×3cm／各2枚
裏面	フェルト5×5cm／各1枚
金具	丸皿付きクリップ／各1個

[作り方]

1. 型紙1で裏面をカットし、プリーツ用の型紙を用意する。
2. ワンウェイプリーツを作る(p.32)。
3. テールを二つ折りし、プリーツの上に仮どめする。
4. モチーフの裏に土台を貼り、プリーツにつける。
5. 裏面のフェルトをプリーツの裏に貼り、多用途接着剤で金具をつける。

Point ゲストのネームプレートとして使うので、それぞれの名前を布にプリントし、くるみボタンを作る。厚紙に名前を書いてモチーフにしてもよい。

記念日のロゼット・Kids > p.20 左上

●**型紙4**……ワンウェイプリーツ／裏面のフェルトの型紙

[材料]

型紙4用土台	厚紙(型紙が入るサイズ)／1枚
プリーツ	グログランリボン(15mm)ストライプ／40cm
テール	グログランリボン(15mm)赤／8cm
モチーフ	ボタン(22mm)／1個
裏面	フェルト4×4cm／1枚
金具	ブローチピン／1個
金具どめ	金具の幅に合うリボン／3cm

[作り方]

1. 型紙4で裏面をカットし、プリーツ用の型紙を用意する。
2. ワンウェイプリーツを作る(p.32)。
3. テールを二つ折りし、プリーツの上に仮どめする。
4. モチーフをプリーツにつける。
5. 裏面のフェルトに金具をつけ、プリーツの裏に貼る。

記念日のロゼット・Kids > p.20 右、p.21 左

●**型紙4**……ガイドに沿ったカットプリーツ(12プリーツ)／裏面のフェルトの型紙

[材料]

モチーフ	数字のワッペン／各1枚
裏面	フェルト4×4cm／各1枚
金具	ブローチピン／各1個
金具どめ	金具の幅に合うリボン／各3cm
●数字「4」	
プリーツ	グログランリボン(15mm)紺／50cm
テール	グログランリボン(15mm)蛍光黄色／12cm
	グログランリボン(15mm)ストライプ／6cm
●数字「8」	
プリーツ	グログランリボン(15mm)蛍光オレンジ／50cm
テール	チロリアンテープ(34mm)／5cm

[作り方]

1. 型紙4で裏面をカットし、プリーツ用の型紙を用意する。
2. リボンを4cm×12本にカットし、カットプリーツを作る(p.33)。
3. モチーフをプリーツにつける。
4. テールをプリーツの裏に仮どめする。数字「4」は、蛍光黄色を二つ折りし、ストライプと重ねて貼る。数字「8」はまっすぐ貼る。
5. 裏面のフェルトに金具をつけ、プリーツの裏に貼る。

記念日のロゼット・Kids > p.20 中央左

- ●型紙4……ガイドに沿ったカットプリーツ(12プリーツ)／裏面のフェルトの型紙

[材料]

型紙4のプリーツ	リバーシブルリボン(15mm)水色×黄色／50cm
テール	サテンリボン(24mm)黄色／6cm
モチーフ	恐竜のボタン／1個
裏面	フェルト4×4cm／1枚
金具	ブローチピン／1個
金具どめ	金具の幅に合うリボン／3cm

[作り方]

1. 型紙4で裏面をカットし、プリーツ用の型紙を用意する。
2. 型紙4のリボンを4cm×12本にカットし、水色と黄色のプリーツを6枚ずつ作る。2色を交互に貼ってカットプリーツを作る(p.33)。
3. テールをプリーツの裏に仮どめする。
4. モチーフをプリーツにつける。
5. 裏面のフェルトに金具をつけ、プリーツの裏に貼る。

記念日のロゼット・Kids > p.20 左下

- ●型紙4……ワンウェイプリーツ／裏面のフェルトの型紙

[材料]

型紙4用土台	厚紙(型紙が入るサイズ)／1枚
プリーツ	グログランリボン(15mm)緑／40cm
テール	グログランリボン(15mm)ストライプ／10cm
モチーフ	星のワッペン／1個
裏面	フェルト4×4cm／1枚
金具	ブローチピン／1個
金具どめ	金具の幅に合うリボン／3cm

[作り方]

1. 型紙4で裏面をカットし、プリーツ用の型紙を用意する。
2. ワンウェイプリーツを作る(p.32)。
3. テールを二つ折りし、プリーツの裏に仮どめする。
4. モチーフをプリーツにつける。
5. 裏面のフェルトに金具をつけ、プリーツの裏に貼る。

記念日のロゼット・Kids > p.21 中央上

- ●型紙1……ワンウェイプリーツ／裏面のフェルトの型紙
- ●型紙4……ワンウェイプリーツ

[材料]

型紙用土台	厚紙(型紙1が入るサイズ)／1枚
型紙1のプリーツ	グログランリボン(25mm)黄色／80cm
型紙4のプリーツ	グログランリボン(15mm)青／40cm
モチーフ	くるみボタン(38mm)／1個
モチーフ土台	フェルト3×3cm／2枚
裏面	フェルト5×5cm／1枚
金具	ブローチピン／1個
金具どめ	金具の幅に合うリボン／3cm

[作り方]

1. 型紙1で裏面をカットし、プリーツ用の型紙を用意する。
2. 型紙1でワンウェイプリーツを作る(p.32)。
3. 型紙4でワンウェイプリーツを作り(p.32)、2の上に貼る。
4. モチーフの裏に土台を貼り、プリーツにつける。
5. 裏面のフェルトに金具をつけ、プリーツの裏に貼る。

記念日のロゼット・Kids > p.21 中央中

- ●型紙4……2枚用意。ワンウェイプリーツ／裏面のフェルトの型紙

[材料]

型紙4用土台	厚紙（型紙4が入るサイズ）／1枚
型紙4のプリーツ	サテンリボン（15mm）ピンク／40cm×2本
テール	オーガンジーリボン（25mm）ストライプ／5cm
モチーフ	くるみボタン（22mm）／1個
モチーフ土台	フェルト1.5×1.5cm／2枚
裏面	フェルト4×4cm／1枚
金具	ブローチピン／1個
金具どめ	金具の幅に合うリボン／3cm

[作り方]

1. 型紙4で裏面をカットし、プリーツ用の型紙を用意する。
2. 型紙4にワンウェイプリーツでプリーツを作る（p.32）。2つ作る。
3. 2のプリーツ2つをずらして重ねて貼る。
4. テールをプリーツの裏に仮どめする。
5. モチーフの裏に土台を貼り、プリーツにつける。
6. 裏面のフェルトに金具をつけ、プリーツの裏に貼る。

記念日のロゼット・Kids > p.21 右

- ●型紙4……ガイドと垂直のカットプリーツ（6プリーツ）／裏面のフェルトの型紙
- ●型紙6……ガイドと垂直のカットプリーツ（12プリーツ）

[材料]

型紙4のプリーツ	サテンリボン（17mm）紫／30cm
型紙6のプリーツ	リボン（6mm）ピンク／40cm
テール	サテンリボン（17mm）紫／7cm リボン（6mm）ピンク／7cm
モチーフ	王冠ボタン／1個
裏面	フェルト4×4cm／を1枚
金具	ブローチピン／1個
金具どめ	金具の幅に合うリボン／3cm

[作り方]

1. 型紙4で裏面をカットし、プリーツ用の型紙を用意する。
2. 型紙4のリボンを4cm×6本にカットし、カットプリーツを作る（p.33）。
3. 型紙6のリボンを3cm×12本にカットし、カットプリーツを作る（p.33）。2の上に貼る。
4. テールを重ねて、プリーツの裏に仮どめする。
5. モチーフをプリーツにつける。
6. 裏面のフェルトに金具をつけ、プリーツの裏に貼る。

記念日のロゼット・Kids > p.21 下

- ●型紙4……ワンウェイプリーツ／裏面のフェルトの型紙
- ●型紙6……ガイドに沿ったカットプリーツ（6プリーツ）

[材料]

型紙4用土台	厚紙（型紙が入るサイズ）／1枚
型紙4のプリーツ	サテンリボン（17mm）青／40cm
型紙6のプリーツ	グログランリボン（15mm）緑／20cm
テール	サテンリボン（17mm）青／5cm グログランリボン（15mm）緑／5cm
モチーフ	くるみボタン（27mm）／1個
モチーフ土台	フェルト2×2cm／2枚
裏面	フェルト4×4cm／1枚
金具	ブローチピン／1個
金具どめ	金具の幅に合うリボン／3cm

[作り方]

1. 型紙4で裏面をカットし、プリーツ用の型紙を用意する。
2. 型紙4でワンウェイプリーツを作る（p.32）。
3. 型紙6のリボンを3cm×6本にカットし、カットプリーツを作る（p.33）。裏の処理をせずに2の上に貼る。
4. テールを2本プリーツの裏に仮どめする。
5. モチーフの裏に土台を貼り、プリーツにつける。
6. 裏面のフェルトに金具をつけ、プリーツの裏に貼る。

Partyのロゼット　▷ p.22 左2つ、p.23 下2つ

●型紙4……ワンウェイプリーツ／裏面の型紙

[材料]
●共通
型紙4用土台………厚紙(型紙が入るサイズ)／各1枚
モチーフ……………缶バッジ(25mm)／各1個
モチーフ土台………フェルト2×2cm／各2枚
裏面…………………画用紙4×4cm／各1枚
金具…………………安全ピン／各1個
金具どめ……………金具の幅に合うリボン／各3cm
●銀
プリーツ……………ラッピングリボン(15mm)銀／40cm
テール………………ラッピングリボン(15mm)銀／8cm
●青
プリーツ……………ミラーテープ(18mm)青／40cm
テール………………ミラーテープ(18mm)青／10cm
●緑
プリーツ……………サテンリボン(20mm)緑／40cm
テール………………サテンリボン(20mm)緑／12cm
●ピンク
プリーツ……………ラッピングリボン(18mm)ピンク／40cm
テール………………ラッピングリボン(18mm)ピンク／8cm

[作り方]
1. 型紙4で裏面をカットし、プリーツ用の型紙を用意する。
2. ワンウェイプリーツを作る(p.32)。
3. テールを二つ折りし、プリーツの裏に仮どめする。
4. モチーフの裏に土台を貼り、プリーツにつける。
5. 裏面の紙に金具をつけ、プリーツの裏に強力タイプの両面テープで貼る。

Point　缶バッジの裏のピンはニッパーなどで取り除いて使う。裏面が平らな缶バッジには土台のフェルトを貼らなくてよい。

Partyのロゼット　▷ p.22 中央

●型紙7……ワンウェイプリーツ／裏面の型紙

[材料]
型紙7用土台………厚紙(型紙が入るサイズ)／1枚
プリーツ……………オーガンジーリボン(40mm)ストライプ／100cm
プリーツ飾り………グリッターシール／適宜
テール………………グログランリボン(25mm)ピンク／24cm
　　　　　　　　　　オーガンジーリボン(40mm)ストライプ／12cm
モチーフ……………紙(直径60mm)／1枚
裏面…………………画用紙6×6cm／1枚
金具…………………安全ピン／1個
金具どめ……………金具の幅に合うリボン／3cm

[作り方]
1. 型紙7で裏面をカットし、プリーツ用の型紙を用意する。
2. ワンウェイプリーツを作る(p.32)。リボンのサテン地にグリッターシールを貼る。
3. テール(ピンク)を二つ折りし、テール(ストライプ)と重ねてプリーツの裏に仮どめする。
4. モチーフを強力タイプの両面テープでプリーツにつける。
5. 裏面の紙に金具をつけ、プリーツの裏に強力タイプの両面テープで貼る。

Point　モチーフの紙はスクラップブッキング用の紙に厚紙を裏貼りして作る。文字をスタンプし、立体シールを貼る。

Partyのロゼット ＞ p.22 右

- ●型紙4①……ガイドと垂直のカットプリーツ(6プリーツ)／裏面のフェルトの型紙
- ●型紙4②……ガイドに沿ったカットプリーツ(6プリーツ)

[材料]

型紙4①のプリーツ	サテンリボン(17mm)紫／30cm
型紙4②のプリーツ	サテンリボン(20mm)黄色／30cm
テール	サテンリボン(17mm)紫／30cm
	サテンリボン(20mm)黄色／15cm
モチーフ	プラバン(p.69)／1個
モチーフ土台	紙／1枚
裏面	フェルト4×4cm／1枚
金具	ブローチピン／1個
金具どめ	金具の幅に合うリボン／3cm

[作り方]

1. 型紙4で裏面をカットし、プリーツ用の型紙を用意する。
2. 型紙4①のリボンを5cm×6本にカットし、カットプリーツを作る (p.33)。
3. 型紙4②のリボンを4cm×6本にカットし、カットプリーツを作る (p.33)。裏の処理はせずに 2 の上に貼る。
4. テール(紫)を二つ折りし、テール(黄色)と合わせてプリーツの裏に仮どめする。
5. モチーフに紙を裏貼りしてから、プリーツにつける。
6. 裏面のフェルトに金具をつけ、プリーツの裏に貼る。

Point　プラバンモチーフは裏に紙を貼ったほうが仕上がりがきれい。大きめの紙に多用途接着剤で貼り、乾いたらカットする。

Partyのロゼット ＞ p.23 上2つ

- ●型紙2……ワンウェイプリーツ／裏面の型紙

[材料]

型紙2用土台	厚紙(型紙が入るサイズ)／各1枚
プリーツ	お菓子のパッケージ(25mm)／各50cm
テール	お菓子のパッケージ(25mm)／各10cm
モチーフ	スターボウリボン／各1個
裏面	画用紙5×5cm／各1枚
金具	安全ピン／各1個
金具どめ	お菓子のパッケージ(25mm)／各3cm

[作り方]

1. 型紙2で裏面をカットし、プリーツ用の型紙を用意する。
2. ワンウェイプリーツを作る(p.32)。
3. テールを5cm×2本にカットし、プリーツの裏に仮どめする。
4. モチーフをプリーツにつける。
5. 裏面のフェルトに金具をつけ、プリーツの裏に強力タイプの両面テープで貼る。

Point　プリーツは、プラスチック製のお菓子の袋を帯状にカットし、強力両面テープでつないだものを使う。モチーフはラッピング用のシール付きのもの。

Partyのロゼット ＞ p.23 中央2つ

- ●型紙2……ガイドに沿ったカットプリーツ(12プリーツ)／裏面のフェルトの型紙

[材料]

プリーツ	グログランリボン(25mm)オレンジ、または青／各50cm
モチーフ	骸骨の人形／各1個
裏面	フェルト5×5cm／各1枚
金具	ブローチピン／各1個
金具どめ	金具の幅に合うリボン／各3cm

[作り方]

1. 型紙2で裏面をカットし、プリーツ用の型紙を用意する。
2. リボンを4cm×12本にカットし、カットプリーツを作る(p.33)。
3. モチーフをプリーツにつける。
4. 裏面のフェルトに金具をつけ、プリーツの裏に貼る。

63

ロゼットのアクセサリー ▷ p.24 左

●型紙8……ワンウェイプリーツ／裏面のフェルトの型紙

[材料]

型紙8用土台	厚紙(型紙が入るサイズ)／1枚
プリーツ	グログランリボン(15mm)青／80cm
カン用リボン	グログランリボン(6mm)黒／5cm×2本
モチーフ	ボタン(27mm)／1個
裏面	フェルト5.5×5.5cm／1枚
金具	ネックレスチェーン
つなぎ金具	丸カン／2個

[作り方]

1. 型紙8で裏面をカットし、プリーツ用の型紙を用意する。
2. ワンウェイプリーツの応用でプリーツを作る(p.36)。
3. カン用リボンを二つ折りし、プリーツの裏に仮どめする。
4. モチーフをプリーツにつける。
5. 裏面のフェルトをプリーツの裏に貼る。
6. カン用リボンに丸カンをつけ、ネックレスチェーンとつなげる。

ロゼットのアクセサリー ▷ p.24 右

●型紙4……ワンウェイプリーツ／裏面のフェルトの型紙

[材料]

型紙4用土台	厚紙(型紙が入るサイズ)／1枚
プリーツ	グログランリボン(15mm)紺／40cm
カン用リボン	グログランリボン(6mm)紺／3cm
モチーフ	カメオ(長径27mm)／1個
モチーフ飾り	リボン(9mm)ストライプ／7cm
裏面	フェルト4×4cm／1枚
金具	ネックレスチェーン

[作り方]

1. 型紙4で裏面をカットし、プリーツ用の型紙を用意する。
2. ワンウェイプリーツを作る(p.32)。
3. カン用リボンを二つ折りし、プリーツの裏、上部に仮どめする。
4. モチーフ飾りのリボン中央に両面テープを1cm貼り、両端を折って貼り合わせ、プリーツにつける。さらにモチーフを重ねてつける。
5. 裏面のフェルトをプリーツの裏に貼る。
6. カン用リボンにネックレスチェーンを通す。

ロゼットのアクセサリー ▷ p.25 左上

●型紙6……2枚用意。ガイドに沿ったカットプリーツ(12プリーツ)／裏面のフェルトの型紙

[材料]

プリーツ	サテンリボン(9mm)青／40cm×2本
モチーフ	市販のピアス／金具をカットしたもの2個
裏面	フェルト3×3cm／2枚
金具	丸皿付きピアス金具、またはイヤリング金具

[作り方]

1. 型紙6で裏面をカットし、プリーツ用の型紙を用意する。
2. リボンを3cm×12本にカットし、カットプリーツを作る(p.33)。
3. モチーフをプリーツにつける。
4. 裏面のフェルトをプリーツの裏に貼る。
5. 金具を多用途接着剤で裏面につける。同じものを2個作る。

Point　裏面のフェルトは厚さ1～1.5mmの薄いものを使う。

ロゼットのアクセサリー　≫p.25 中央上

●型紙6……2枚用意。ワンウェイプリーツ／裏面のフェルトの型紙

[材料]

プリーツ	グログランリボン(9mm)オレンジ／30cm×2本
テール	グログランリボン(17mm)水色／4cm×1本を2セット
	リボン(10mm)ドット／4cm×1本を2セット
モチーフ	ワッペン／2個
裏面	フェルト3×3cm／2枚
金具	丸皿付きピアス金具、またはイヤリング金具

[作り方]

1. 型紙6で裏面をカットし、プリーツ用の型紙を用意する。
2. ワンウェイプリーツを作る(p.32)。
3. テールを水色とドット1本ずつ重ね、プリーツの裏に仮どめする。
4. モチーフをプリーツにつける。
5. 裏面のフェルトをプリーツの裏に貼る。
6. 金具を多用途接着剤で裏面につける。同じものを2個作る。

Point　厚紙の型紙土台がなくても作れる。裏面のフェルトは厚さ1〜1.5mmの薄いものを使う。

ロゼットのアクセサリー　≫p.25 中央左下

●型紙5……2枚用意。ワンウェイプリーツ／裏面のフェルトの型紙

[材料]

プリーツ	リボン(9mm)ピンク／40cm×2本
テール	フリンジリボン(9mm)黄色／5cm×2本を2セット
モチーフ	ボタン／2個
裏面	フェルト3×3cm／2枚
金具	丸皿付きピアス金具、またはイヤリング金具

[作り方]

1. 型紙5で裏面をカットし、プリーツ用の型紙を用意する。
2. ワンウェイプリーツを作る(p.32)。
3. テールをそれぞれ二つ折りし、輪を下にしてプリーツの裏に仮どめする。
4. モチーフをプリーツにつける。
5. 裏面のフェルトをプリーツの裏に貼る。
6. 金具を多用途接着剤で裏面につける。同じものを2個作る。

Point　厚紙の型紙土台がなくても作れる。裏面のフェルトは厚さ1〜1.5mmの薄いものを使う。

ロゼットのアクセサリー　≫p.25 中央右

●型紙6……2枚用意。ワンウェイプリーツ／裏面のフェルトの型紙

[材料]

プリーツ	グログランリボン(15mm)緑／30cm×2本
テール	サテンリボン(17mm)緑／3cm×2本を2セット
モチーフ	ボタン(13mm)／2個
裏面	フェルト3×3cm／2枚
金具	丸皿付きピアス金具、またはイヤリング金具

[作り方]

1. 型紙6で裏面をカットし、プリーツ用の型紙を用意する。
2. ワンウェイプリーツを作る(p.32)。
3. テールを2本重ね、プリーツの裏に仮どめする。
4. モチーフをプリーツにつける。
5. 裏面のフェルトをプリーツの裏に貼る。
6. 金具を多用途接着剤で裏面につける。同じものを2個作る。

Point　厚紙の型紙土台がなくても作れる。裏面のフェルトは厚さ1〜1.5mmの薄いものを使う。

ロゼットのアクセサリー ▷ p.25 中央右上

● **型紙5**……ガイドと垂直のカットプリーツ（12プリーツ）／裏面のフェルトの型紙

[材料]

プリーツ	リボン(9mm)黒／30cm
モチーフ	台座付きビーズ(8mm)
裏面	フェルト(1mm厚の薄いもの)3×3cm／1枚
金具	丸皿付きリング／1個

[作り方]

1. 型紙6で裏面をカットし、プリーツ用の型紙を用意する。
2. リボンを2.5cm×12本にカットし、カットプリーツを作る(p.33)。
3. モチーフをプリーツにつける。
4. 裏面のフェルトをプリーツの裏に貼り、金具を多用途接着剤でつける。

Point 裏面のフェルトは厚さ1〜1.5mmの薄いものを使う。

ロゼットのアクセサリー ▷ p.25 右

● **型紙6**……ワンウェイプリーツ／裏面のフェルトの型紙

[材料]

プリーツ	グログランリボン(10mm)／30cm
モチーフ	くるみボタン(18mm)
モチーフ土台	フェルト1×1cm／2枚
裏面	フェルト3×3cm／1枚
金具	丸皿付きリング／1個

[作り方]

1. 型紙6で裏面をカットし、プリーツ用の型紙を用意する。
2. ワンウェイプリーツを作る(p.32)。
3. モチーフの裏に土台を貼り、プリーツにつける。
4. 裏面のフェルトをプリーツの裏に貼り、金具を多用途接着剤でつける。

Point 厚紙の型紙土台がなくても作れる。モチーフは刺しゅうリボンでくるみボタンにしたもの。裏面のフェルトは厚さ1〜1.5mmの薄いものを使う。

ロゼットのアクセサリー 》p.26 上

- ●型紙9……ワンウェイプリーツ／裏面のフェルトの型紙
- ●型紙6①……ワンウェイプリーツ
- ●型紙6②……2枚用意。ガイドに沿ったカットプリーツ(6プリーツ)

[材料]

型紙9用土台	厚紙(型紙が入るサイズ)／1枚
型紙9のプリーツ	グログランリボン(12mm)薄橙／80cm
型紙6①のプリーツ	グログランリボン(15mm)濃橙／30cm
型紙6②のプリーツ	グログランリボン(12mm)薄橙／30cm
	サテンリボン(10mm)金／30cm
テール	グログランリボン(25mm)ストライプ／18cm
モチーフ	ボタン(23mm)／1個
裏面	フェルト4.5×4.5cm／1枚、3×3cm／2枚
金具	バレッタ(85mm)／1個

[作り方]

1. 型紙9で裏面をカットし、プリーツ用の型紙を用意する。
2. 型紙9にワンウェイプリーツの応用でプリーツを作る(p.37)。
3. 型紙6①でワンウェイプリーツを作り(p.32)、2 に貼る。
4. モチーフを 3 につける
5. 型紙6②のリボンをそれぞれ4cm×6本にカットし、各色3本を交互にカットプリーツを作る(p.33)。2個作る。
6. 4、5 のプリーツにそれぞれ裏面のフェルトを貼る。
7. テールを二つ折りし、バレッタの中心に仮どめする。
8. 5 のカットプリーツの2個をバレッタの両端に多用途接着剤で貼ってから、中心にダブルプリーツを貼る。

Point　型紙6①のワンウェイプリーツは厚紙の型紙土台がなくても作れる。裏面のフェルトは厚さ1〜1.5mmの薄いものを使う。

ロゼットのアクセサリー 》p.26 中央左

- ●型紙4……ワンウェイプリーツ／裏面のフェルトの型紙

[材料]

型紙4用土台	厚紙(型紙が入るサイズ)／1枚
プリーツ	グログランリボン(15mm)藍／40cm
モチーフ	くるみボタン(27mm)／1個
モチーフ土台	フェルト2×2cm／2枚
裏面	フェルト4×4cm／1枚
金具	丸皿付きヘアゴム／1個

[作り方]

1. 型紙4で裏面をカットし、プリーツ用の型紙を用意する。
2. ワンウェイプリーツを作る(p.32)。
3. モチーフの裏に土台を貼り、プリーツにつける。
4. 裏面のフェルトをプリーツの裏に貼り、金具を多用途接着剤でつける。

ロゼットのアクセサリー 》p.26 中央右

- ●型紙3……ワンウェイプリーツ／裏面のフェルトの型紙
- ●型紙5……ワンウェイプリーツ

[材料]

型紙3用土台	厚紙(型紙が入るサイズ)／1枚
型紙3のプリーツ	サテンリボン(17mm)水色／60cm
型紙5のプリーツ	サテンリボン(12mm)ストライプ／40cm
モチーフ	ボタン(17mm)／1個
裏面	フェルト4×4cm／1枚
金具	丸皿付きヘアゴム／1個

[作り方]

1. 型紙3で裏面をカットし、プリーツ用の型紙を用意する。
2. 型紙3でワンウェイプリーツを作る(p.32)。
3. 型紙5でワンウェイプリーツを作り(p.32)、2 の上に貼る。
4. モチーフをプリーツにつける。
5. 裏面のフェルトをプリーツの裏に貼り、金具を多用途接着剤でつける。

Point　型紙5のワンウェイプリーツは厚紙の型紙土台がなくても作れる。

ロゼットのアクセサリー　▷ p.26 右下

- ●型紙2……ガイドに沿ったカットプリーツ（12プリーツ）／裏面のフェルトの型紙
- ●型紙5……ワンウェイプリーツ

[材料]

型紙2のプリーツ	サテンリボン(24mm)ピンク／50cm
型紙5のプリーツ	リボン(12mm)チェック／40cm
モチーフ	ボタン(15mm)／1個
裏面	フェルト5×5cm／1枚
金具	丸皿付きヘアゴム／1個

[作り方]

1. 型紙2で裏面をカットし、プリーツ用の型紙を用意する。
2. 型紙2のリボンを4cm×12本にカットし、カットプリーツを作る(p.33)。
3. 型紙5でワンウェイプリーツを作り(p.32)、2の上に貼る。
4. モチーフをプリーツにつける。
5. 裏面のフェルトをプリーツの裏に貼り、金具を多用途接着剤でつける。

Point　型紙5のワンウェイプリーツは厚紙の型紙土台がなくても作れる。

ロゼットのアクセサリー　▷ p.26 左下

- ●型紙3……ワンウェイプリーツ／裏面のフェルトの型紙

[材料]

型紙3用土台	厚紙(型紙が入るサイズ)／1枚
プリーツ	オーガンジーリボン(17mm)金／60cm
モチーフ	くるみボタン(22mm)／1個
モチーフ土台	フェルト1.5×1.5cm／2枚
裏面	フェルト4×4cm／1枚
金具	安全ピン／1個
金具どめ	金具の幅に合うリボン／3cm
リボン	柄リボン(5cm)白×紺／20cm
リボンどめ	オーガンジーリボン(17mm)金／15cm
ゴム	ヘアゴム／1個

[作り方]

1. 型紙3で裏面をカットし、プリーツ用の型紙を用意する。
2. ワンウェイプリーツを作る(p.32)。
3. モチーフの裏に土台を貼り、プリーツにつける。
4. 裏面のフェルトに金具をつけ、プリーツの裏に貼る。
5. リボンを作る(下記参照)。
6. リボンに安全ピンでロゼットをつける。

Point　モチーフは、リボンに使った柄リボンでくるみボタンにしたもの。
　　　　裏面のフェルトは厚さ1〜1.5mmの薄いものを使う。

リボンの作り方

1. リボンの端に両面テープを貼り、端1cmほど重ねて輪にする。

2. 真ん中にひだを作る。

3. リボンどめの端に両面テープを貼り、リボンに1周巻きつけたら、ヘアゴムも一緒に巻く。

4. リボンどめの端がリボンの裏にくるよう調整し、接着剤でとめる。

プラバンで作るモチーフの図案

プラバンは熱収縮性があり、25〜40％ほどに縮みます。掲載の図案は40％縮小用です。
商品によって縮み方に差がありますので、プラバン商品に記載されている説明に従って作業してください。

実物大型紙

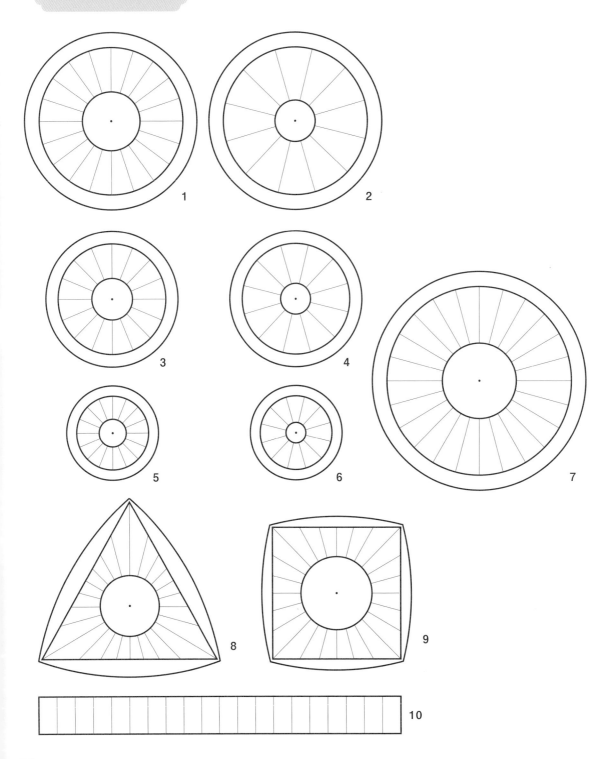

オリジナルロゼットを作るための材料表

●型紙別・リボン用尺と裏面サイズ表

	ワンウェイプリーツ			裏面(フェルト)
	プリーツ数	リボンの用尺	リボン幅(推奨)	
型紙1	20	80cm	20〜25mm	5×5cm
型紙2	12	50cm	20〜25mm	5×5cm
型紙3	16	60cm	15〜20mm	4×4cm
型紙4	12	40cm	15〜20mm	4×4cm
型紙5	16	40cm	9〜15mm	3×3cm
型紙6	12	30cm	9〜15mm	3×3cm
型紙7	24	100cm	25〜35mm	6×6cm
型紙8	24	80cm	12〜15mm	5.5×5.5cm
型紙9	24	80cm	10〜15mm	4.5×4.5cm
型紙10	20	70cm	15〜35mm	なし

●くるみボタンのサイズ別材料表

ボタン	布	土台のフェルト
38mm	直径65mm	3×3cm
27mm	直径60mm	2×2cm
22mm	直径45mm	1.5×1.5cm
18mm	直径40mm	1×1cm

※キットメーカーにより布のサイズが異なる場合があります。

コクボマイカ

クラフトプランナー。武蔵野美術大学卒。
文具や雑貨のセールスプロモーション、書籍やWEBサイト等の
クラフトレシピ制作に携わる。
「おとなのずがこうさく」と称した少人数制の講習をはじめ、子ど
も向けの大型ワークショップイベントも多数開催。
どなたでも楽しめる"つくりかた"と"体験"を提供しつづけている。
https://www.instagram.com/maikakokubo

■Staff
写真　　　　松永直子
スタイリング　串尾広枝
デザイン　　　原てるみ、坂本真理(mill design studio)
編集　　　　　村松千絵(クリーシー)

■Special thanks…
MIYUKI、CHIE

■小物協力
AWABEES
UTUWA

■材料協力(五十音順)
[アクセサリー金具、レジン材料、デコナップ材料ほか]
エルベール株式会社東京支社
☎03-5337-5791

[リボン、レース]
東京リボン
☎03-3353-6511
http://www.tokyoribbon.co.jp/

[マスキングテープ(masté／マステ)]
株式会社マークス
☎03-5779-7550
http://www.marks.jp/

[フェイクレザーテープ]
横田株式会社・ダルマ手編糸
tel.06-6251-2183
http://www.daruma-ito.co.jp

[リボン、シールほか]
WRAPPLE wrapping and D.I.Y.
☎03-5428-8284
http://www.wrapple.jp

※商品の情報は2014年10月時点のもので、
　予告なく変更されることがあります。

＊本書は2014年10月小社刊『縫わずにできるすてきなロゼット』を新装したものです。

☆本書の内容に関するお問い合わせは、
お手紙かメール(jitsuyou@kawade.co.jp)にて承ります。
恐縮ですが、お電話でのお問い合わせは
ご遠慮くださいますようお願いいたします。

きれいなプリーツができる実物大型紙付き
縫わずにできる すてきなロゼット

2014年10月30日　初版発行
2018年 8月20日　新装版初版印刷
2018年 8月30日　新装版初版発行

著　者　　コクボマイカ
発行者　　小野寺優
発行所　　株式会社河出書房新社
　　　　　〒151-0051
　　　　　東京都渋谷区千駄ヶ谷2-32-2
　　　　　電話　03-3404-1201（営業）
　　　　　　　　03-3404-8611（編集）
　　　　　http://www.kawade.co.jp/

印刷・製本　三松堂株式会社

Printed in Japan
ISBN978-4-309-28692-1

落丁本・乱丁本はお取り替えいたします。
本書のコピー、スキャン、デジタル化等の無断複製は著
作権法上での例外を除き禁じられています。本書を代行
業者等の第三者に依頼してスキャンやデジタル化するこ
とは、いかなる場合も著作権法違反となります。